经济管理学术新视角丛书

产业组织理论与政策创新研究

Reserech on Industrial Organization Theory and Policy Innovation

Reserech on Industrial Organization Theory and Policy Innovation

刘英杰／著

经济管理出版社
ECONOMY & MANAGEMENT PUBLISHING HOUSE

图书在版编目（CIP）数据

产业组织理论与政策创新研究/ 刘英杰著. —北京：经济管理出版社，2018. 11
ISBN 978-7-5096-6174-1

Ⅰ. ①产…　Ⅱ. ①刘…　Ⅲ. ①产业组织理论②产业政策—研究—中国　Ⅳ. ①F260②F121

中国版本图书馆 CIP 数据核字（2018）第 268612 号

组稿编辑：杨　雪
责任编辑：杨　雪　李玉坤
责任印制：黄章平
责任校对：陈　颖

出版发行：经济管理出版社
（北京市海淀区北蜂窝 8 号中雅大厦 A 座 11 层　100038）
网　　址：www. E-mp. com. cn
电　　话：（010）51915602
印　　刷：北京晨旭印刷厂
经　　销：新华书店
开　　本：720mm×1000mm/16
印　　张：13
字　　数：205 千字
版　　次：2018 年 11 月第 1 版　　2018 年 11 月第 1 次印刷
书　　号：ISBN 978-7-5096-6174-1
定　　价：49. 00 元

联系地址：北京阜外月坛北小街 2 号
电话：（010）68022974　　邮编：100836

目录

第一章　产业组织理论渊源与基本框架 …………………………… 1

导读　/1
第一节　产业组织理论的产生与发展　/3
第二节　马列主义经典作家关于产业组织的论见　/10
第三节　产业组织理论的研究内容和基本框架　/14
第四节　我国产业组织理论研究状况及努力方向　/17

第二章　市场结构 ………………………………………………… 19

导读　/19
第一节　市场结构的内涵　/20
第二节　市场结构的基本类型　/23
第三节　度量市场结构的基本途径　/24
第四节　市场结构的决定因素　/25

第三章　市场集中度 ……………………………………………… 27

导读　/27
第一节　关于集中的几个概念　/29
第二节　市场集中度指标　/31

第三节　影响市场集中度的主要因素　/35
第四节　市场集中的作用与经济性　/36

第四章　产品差别化 …………………………………… 43

导读　/43
第一节　产品差别化的含义　/44
第二节　产品差别化的形成因素　/45
第三节　产品差别化的影响　/46
第四节　产品差别化的产业差异　/47

第五章　规模经济 …………………………………… 49

导读　/49
第一节　规模经济的含义及种类　/50
第二节　企业规模与企业规模结构　/52
第三节　企业规模结构的发展趋势　/54

第六章　市场进退障碍 …………………………………… 57

导读　/57
第一节　市场进入障碍种类及影响　/59
第二节　进入障碍效应与障碍高低衡量　/61
第三节　退出障碍与进退无障碍理论　/63

第七章　市场行为 …………………………………… 66

导读　/66
第一节　市场行为研究的前提与内容　/68
第二节　市场行为的基本制约因素　/70
第三节　市场行为的主要策略　/77

第八章　市场绩效 …………………………………………………… 87

导读　/87
第一节　市场绩效的含义与评价目标　/89
第二节　资源配置效率　/91
第三节　产业的规模结构效率　/93
第四节　技术进步　/95

第九章　市场秩序 …………………………………………………… 99

导读　/99
第一节　市场有序运行的必要性　/101
第二节　市场秩序的评价标准选择　/104
第三节　我国市场秩序评价标准选择　/108
第四节　市场无序运行现象探源　/111
第五节　市场秩序演进的规律性　/117

第十章　产业组织政策 ……………………………………………… 124

导读　/124
第一节　产业组织政策概述　/127
第二节　反垄断与反不正当竞争政策　/130
第三节　组织合理化政策　/138
第四节　中小企业政策　/141
第五节　公共规制政策　/144

附录 …………………………………………………………………… 150

附录一　彩电市场竞争分析　/150
附录二　粮食垄断收购政策的实证研究　/158
附录三　汽车产业的组织缺陷及大集团战略　/168

附录四　河南产业的集约化水平与市场化战略　/171
附录五　国内市场无序竞争现象剖析　/178

主要参考文献 …………………………………………………………… 198

后记 …………………………………………………………………… 200

第一章　产业组织理论渊源与基本框架

导　读

SCP 分析框架及马列主义的有关理论观点，是产业组织学的主要理论渊源。界定产业组织理论的研究对象，是创立产业组织学的前提。产业组织，通常指由产业内各企业相互关系所构成的组织结构状态及其发展变化过程。

产业组织学是分析企业、市场和产业相互关系以及指导产业政策制定的一门应用科学，其理论的核心问题是如何协调竞争活力与规模效益的关系。研究的特定内容是：市场条件下个别产业内企业与市场的相互关系，即产业内企业间竞争与垄断的关系。所以“产业组织”实际上是指产业内企业与市场的合理组织。

产业组织学的主要理论基础是西方微观经济学。二者既有亲密关系又有不同的研究对象和侧重点。产业组织的渊源可以上溯至亚当·斯密的《国富论》。其产生和形成过程大约经历了半个世纪。最早提出组织概念的是英国人马歇尔于 1890 年出版的《经济学原理》，他在萨伊的生产三要素（土地、资本、劳动）基础上提出组织的是第四生产要素。20 世纪 30 年代，张伯伦发表了《垄断竞争理论》，琼·罗宾逊夫人发表《不完全竞争理论》，标志产业组织理论的产生。1959年贝恩写的《产业组织论》的问世，则标志着现代产业组织理论框架的形成。但这时还只是市场结构与市场绩效两段论范式。至今流行的SCP三段论范式，则是谢勒在贝恩的基础上最终完成的，其代表作是1970年出版的《产业市场结构与经济绩效》。对产业组织理论作出重大贡献的，除了哈佛学派外，还有三支非主流学派：即芝加哥学派、新奥地利学派、新制度学派。从20世纪60年代末开始，一些学者对传统产业组织学进行了修正补充，于80年代发展成了新的产业组织理论。其特点是：分析框架不再是单向的、静态的；从研究中的结构主义转向行为主义；研究方法上广泛引入博弈论及正规数学模型等。

产业组织学的研究将马列主义经典作家关于产业组织的论见排除在外，是一种盲区。马列对产业组织问题关注较早，且有精辟论见。主要是：①关于分工的生产力属性和社会属性，分工的类型，分工发展的根源和动力；②关于协作的特征，社会动能；③关于集中和规模经济的优越性，适用范围和条件；④关于垄断与竞争的起源、方式、机制、效果、发展趋势等。

产业组织理论研究的中心内容是市场结构、市场行为和市场绩效三方面。分析框架基本是遵循SCP框架。但因对这些内容分析的逻辑起点或重心不同，而划分为结构主义和行为主义两大学派。前者强调S→C→P单向决定关系（当然，后期也看到了反向影响），后者强调行为对结构和绩效的影响。

我国产业组织理论研究状况大体是起步晚、禁忌多、力量散、理论弱，尚处于引进和消化的初级阶段，尚未有中国创见的产业组织著作。努力方向：一是系统引进、准确理解西方产业组织理论的理论体系；二是扩展视野，借鉴马克思主义的有关论见；三是加强对中国企业的实证研究，注意案例分析，做扎实的基础功夫。

第一节　产业组织理论的产生与发展

一、产业组织理论的研究对象及其与微观经济学的区别

产业组织，通常是指产业内部各企业相互关系所构成的组织结构状态及其发展变化过程。

产业组织理论（或称产业组织学）是西方经济学家应用微观经济理论分析企业、市场和产业相互关系，以及指导产业政策制定的一门应用经济学。其研究的特定内容是：市场经济条件下个别产业内企业与市场的相互关系，即产业内企业间竞争与垄断的关系。之所以称产业组织，实际是指产业内企业与市场的合理组织。即在市场机制作用下，既要使企业充满竞争活力，实现有效竞争，又要充分利用规模经济性，避免过度竞争带来低效率。所以这一理论的核心问题便是竞争活力与规模经济的关系。

产业组织学的主要理论基础是西方微观经济学，是微观经济学在特定领域的应用。所以从最基本的层次上看，二者没有多少区别，以致美国学者 G. 施蒂格勒认为产业组织学有时也可称作价格理论。但他之所以能成一个热门学科，毕竟有别于微观经济学：

其一，微观经济学侧重于简单的完全竞争和完全垄断下的市场结构、企业行为和市场绩效问题，而产业组织学侧重于上述两种市场类型之间的不完全竞争（包括垄断竞争和寡头垄断，尤其是后者）下的市场结构、行为、绩效问题。可以说前者重于理论，后者重于应用。

二者都关注经济现象的成因，如价格变化的条件及其变量间的关系。对此，微观经济学侧重追求理论或模型的完美性，往往建立在简单而严格的假定之上，涉及变量较少；而产业组织学则侧重于对现实的解

释和预测能力，倾向于纳入尽可能多的变量和制度因素。

其二，产业组织学直接为政策服务，重点为反垄断政策和直接规制政策提供理论基础和思路。例如，什么市场结构可使企业获得支配市场的能力？什么样的市场会出现卡特尔？政府应在什么情况下干预或制定规则以改进市场运行，提高经济绩效？

二、产业组织理论的产生和形成

产业组织理论，若从20世纪30年代张伯伦和琼·罗宾逊夫人分别发表的《垄断竞争理论》和《不完全竞争理论》算起，已经历了大半个世纪。他不仅建立并完善了SCP分析框架，也运用案例分析和计量分析手段对若干逻辑结论进行了验证，使这门应用科学逐渐成熟起来。

（一）产业组织理论的萌芽

产业组织理论的渊源，可追溯到古典经济学家亚当·斯密。他在《国富论》中提出的“经济人—看不见的手—自然秩序”（经济自由主义），不存在垄断的论见和反对政府干预的主张，对市场结构和市场行为理论不无启迪作用；他的劳动分工及由此产生的专业化协作原理等，最早和较全面地阐明了合理产业组织能够带来社会资源的节约，这也可视作市场绩效理论的萌芽。

之后的马克思经济学说，也与产业组织理论的产生和形成有着不解之缘。

随着自由资本主义发展到垄断阶段，英国经济学家马歇尔在1890年出版的《经济学原理》一书中，创造性地把萨伊的生产三要素（土地、资本、劳动）扩展为四要素，即最先把组织作为生产要素之一提了出来。他认为组织，特别是工业组织在提高经济效率方面可以起到十分重要的作用。

当然，马歇尔的组织概念比较宽泛，不仅包括企业内的组织形态，也包括产业内企业之间的组织形态，还包括产业之间的组织形态，甚至包括国家组织。

马歇尔之所以将组织作为第四生产要素，是因为他在研究分工与机器、某一地区特定产业的集中、大规模生产及企业的经营管理、企业形态等问题时，涉及规模经济问题，而规模经济和组织又直接关联。

马歇尔还发现了被后人称之为“马歇尔冲突”的矛盾。即大规模生产能提高企业生产效率，但追求规模经济的结果是垄断的发展，而垄断又会阻断价格机制，扼杀自由竞争，使经济运行失去活力，破坏资源的合理配置。其实，“马歇尔冲突”揭示的竞争活力与规模经济的关系正是现代产业组织理论的核心问题。

此外，马歇尔还分析了市场自由竞争中内含的垄断因素，如由于企业位置优越、商誉好、费用省、同类产品差别化等均构成市场竞争的不完全性。后来他在《产业和贸易》一书中强调，垄断和自由竞争在概念上相差甚远，但事实上几乎在所有的竞争性产业中都具有垄断性因素，并根据市场的不确定性而起作用。这一观点为后来张伯伦提出“垄断性竞争”概念奠定了基础。

堪称产业组织理论先驱或鼻祖者，除马歇尔之外，还有哈佛大学张伯伦、剑桥大学琼·罗宾逊夫人。

（二）奠基

随着自由竞争的进一步发展，企业规模扩大，生产集中，卡特尔、托拉斯、康采恩等垄断组织和形式有了发展，垄断、寡头垄断现象已较普遍。以完全竞争市场为前提的新古典经济学面临巨大挑战，现代厂商理论对完全竞争假设首先质疑。在此背景下，二位学者总结了“马歇尔冲突”争论以来的理论探讨，同在1933年从不同国度分别出版了《垄断竞争理论》（张伯伦）和《不完全竞争经济学》（琼·罗宾逊夫人）。张伯伦认为，在完全竞争和纯粹垄断之间存在广大的“中间地带”，提出了垄断与竞争混合的垄断性竞争观点，以垄断因素强弱程度为根据，对市场形态作出分类具体分析，并提出了市场上的进入退出问题，生产者集团及厂商企业关系，产品差别化对垄断和竞争的影响问题等。罗宾逊夫人对垄断市场需求曲线的特征、垄断企业的成本、短期和长期均衡，以及多厂垄断和双边垄断等都作了探讨。所以西方认为张伯伦和罗宾逊夫人二人，特别是张伯伦的理论为后来产业组织理论及实证研究指出了方向，奠定了基础，是其主要的理论来源。

（三）产业组织理论的形成

1. 哈佛学派的贡献

20 世纪 40~60 年代是产业组织理论体系形成时期，也即 SCP 理论范式的确立时期。对此作出主要贡献的是以张伯伦、梅森、贝恩等为代表的哈佛学派。1959 年贝恩所著的《产业组织论》问世，则标志着现代产业组织理论框架的形成。杨公朴认为，贝恩强调的只是范式的最初形式，即市场结构和市场绩效两段论范式（被称为结构主义学派），现代产业组织理论流行的三段式范式是由谢勒在贝恩基础上最终完成的，他认为市场结构首先决定市场行为，进而决定市场绩效。其代表作是 1970 年出版的《产业市场结构与经济绩效》。

2. 主流产业组织学派的贡献

（1）贝恩确定了产业组织研究的目的和方法。认为主要的产业、企业在市场运行中经济政策的制定和评价为主要课题，方法则以实证研究为主。

（2）谢勒建立了正统的产业组织理论的三个基本范畴：市场结构、行为、绩效，构成了 SCP 分析框架。他把三个范畴和国家的公共政策联系起来，规范了产业组织理论的基本框架，揭示了企业、市场与政府在资源配置中的相互关系和作用。

3. 非主流产业组织学派的贡献

哈佛学派（主流）之外，还有三支非主流的产业组织学派：

（1）芝加哥学派。代表人物施蒂格勒、德姆塞茨、波斯纳、麦吉、布鲁曾等。他们在方法上属于行为主义，在批判哈佛的结构主义中崛起。其特点是：

1）理论上信守新古典主义经济学，认为瓦尔拉斯均衡及标准的竞争理论仍然有效，相信个人总是在既定的均衡市场价格和数量下使其行为最优化，企图重新把竞争性产业作为解释相对价格的主导模式。

2）认为兼并未必一定损害竞争，垄断厂商的高利润未必一定是垄断价格的结果，而完全可能是高效率的结果。市场绩效和市场行为决定了市场结构。

3）厂商行为是厂商预期的函数，政府无须干预市场机制的运作。

4）开创性地提出了产业生命周期假说，把市场容量、劳动分工与产业的产生、发展、衰落联系起来。

5）认为进入壁垒是新厂商比老厂商多承担的成本，这对 20 世纪 70 年代发展起来的“可竞争性市场”理论影响很大。

6）特别注重判断集中及定价的结果是否提高了效率，而不像结构主义者只看是否损害竞争。这种注重效率标准的理论取向被称为“效率学派”。

7）研究方法上不以实证为主，而强调理论分析，坚持认为“完全竞争”模式对于产业组织问题仍有足够的解释能力（正统学派以“不完全竞争”作“显微镜”来分析问题）。

（2）新奥地利学派，以米塞斯、哈耶克等为代表。特点是：

1）以竞争为基本分析前提，认为市场竞争是一个动态过程，不能用静态方法来分析。

2）强调企业家在寻求利润机会中起着非常关键的作用。

3）利润是那些大企业创新程度和规模经济的报酬，政府所能做的就是建立制度体系，而最恰当的制度体系则是最大的个人自由和最少的政府干预，因此反对严厉的反托拉斯政策。

（3）新制度学派。代表人物贝利、米恩斯、威廉姆森、阿尔钦等。其特点是：以厂商行为为研究重心，最大特点是从企业（公司）内部的产权结构、组织结构的变化来分析厂商行为及其对市场绩效的影响。贝利、米恩斯 1932 年合作出版的《现代公司与私有制》注意到大公司日益成为不受市场约束的力量，对于澄清新古典学派的缺陷起了很大作用。

不同学派的争论和交流促进了产业组织学的形成和发展。由于芝加哥学派也是在SCP框架基础上展开的，加之方法上的逐渐趋同趋势和结论上的靠近，有人将他称为“新”产业组织学，将哈佛学派代表的SCP理论称为传统产业组织学。

（四）产业组织理论的新进展（新旧产业组织学比较）

1. 传统产业组织理论的特征与缺陷

传统产业组织理论的基本特征是SCP分析框架。S指市场结构，包括企业所在行业的集中度，产品差别，进入壁垒；C指企业行为，包括企业目标、战略和各种竞争行为（创新、合并、广告等）；P指企业运作绩效，包括经济效益、盈利率、技术进步、增长率等。传统理论的基本逻辑结论是结构→行为→绩效；以此为基础的产业政策指向则是控制市场结构，反对任何导向垄断或企图垄断的市场结构的行为。

20世纪50~70年代，美国产业组织研究的基本脉络是运用个例研究和计量分析来验证S—C—P之间的逻辑关系。从1940~1960年出现了一系列关于具体行业市场结构的研究，其中贝恩对主要行业进入壁垒的比较研究有较大进展。随着计算机的应用，60~70年代关于市场结构与企业盈利率、成本水平、创新程度的计量研究以及S—C—P关系的验证有了很大发展。但传统的产业组织理论仍有两大缺陷：

一是微观理论基础仍是新古典主义。他假定所有企业都以利润最大化为目的，而不管他是垄断企业，还是完全竞争企业，也不管是经理控制的，还是股东控制的。这种单一的目标假定忽视了因企业类型差异带来的目标行为差异，从而将目标差异带来的多样化行为均视为仅受市场结构（集中度）决定的相对单一的企业行为。另外，与利润最大化的假定相联系，进而假定生产者，消费者都能获取完全信息，从而能实现完全均衡。由于缺乏交易费用概念，也就不能正确认识现代大公司在资源配置中的作用。

二是理论方法是静态的单向的（S→C→P）。在此严格的形式中，企业行为是内生的、是市场结构的结果，而看不出结构也受行为影响。对结构的过分强调，使之无法将决定企业行为的其他因素（如企业产权结构、交易费用、信息成本的存在）纳入分析框架，限制了组织理论发展。

2. 新产业组织理论的特点

20 世纪 60 年代末，一些学者在不放弃 SCP 框架前提下，对传统的产业组织理论进行了修正和补充，并与 80 年代发展成了新产业组织理论。其特点是：分析框架不再是单向的、静态的。包莫尔通过“可竞争性市场”概念的引入，摆脱了结构与行为那种单一的和既定的逻辑关系。因为在可竞争性市场中，由于潜在的进入厂商的威胁，迫使已有厂商去降低成本、增加创新、扩大规模，从而改变市场结构，影响经济效果。德姆塞茨认为较高的利润是组织规模经济的报酬，任何成本最低的企业，规模自然会迅速扩大，从而在市场绩效与结构之间又架起一座桥梁。

从组织研究中的结构主义转向厂商主义，即最重视企业行为分析。索耶尔 1985 年出版的《产业和厂商的经济学》第一次把厂商纳入组织理论著作标题之中，并以厂商行为为中心展开分析，认为厂商是基本的、实在的经济单位，行为则是不确定的、虚的，市场结构不过是企业之间的竞争关系罢了。研究重心向厂商行为倾斜，不仅与制度学派有关，也与产权理论（利斯）、公共选择理论（布坎南）、交易费用理论（阿罗）等微观经济学的最新进展有关。

研究方法上广泛引入博弈论方法和正规微观经济学模型，从而使企业行为的决定不再只是一种客观的经济决定，而是与当事人的心理预期紧紧联系一起的，同时出现了正规数学模型分析取代 S—C—P 框架的趋势。1988 年法国蒂勒尔的《产业组织理论》出版是这一进展的标志。

第二节 马列主义经典作家关于产业组织的论见

日本学者筱原三代平、马场正雄在其《现代产业论》一书中指出，在战后的日本，马克思主义经济学占据非常重要的地位；有关产业组织理论的研究，主要采用了马克思主义的方法论。如辩证分析方法、历史分析方法，宏微观结合分析方法等。此外，关于马克思主义经济学与产业组织理论的渊源，西方学者很少涉及。但事实上，马克思主义经典作家，特别是马列对产业组织问题关注较早，且有较系统的研究和精辟论见。现据李悦和邬义钧的《产业组织理论》归纳介绍如下：

1. 马克思、列宁论分工与协作

(1) 关于分工。对于社会分工的生产力属性和社会特性，马克思指出："整个社会内的分工，不论是否以商品交换为媒介，是各种社会经济形态所共有"。①

"在工厂内部的分工中预先地、有计划地起作用的规则，在社会内部的分工中只是在事后作为一种内在的、无声的自然必然性起着作用，这种自然必然性可以在市场价格的晴雨表的变动中觉察出来，并克服着商品生产者的无规则的任意行动。"②

"在资本主义生产方式的社会中，社会分工的无政府状态和工厂手工业分工的专制是相互制约的。"③

以上揭示了分工的生产力属性、社会属性及不同分工的调解机制。

①②③ 马克思．资本论（第一卷）[M]．中共中央马克思恩格斯列宁斯大林著作编译局．北京：人民出版社，2004：397.

分工的类型，马克思区别了一般分工、特殊分工、个别分工。

“单就劳动本身来说，可以把社会生产分为农业、工业等大类，叫作一般的分工；把这些生产大类分为种和亚种，叫作特殊的分工；把工厂内部的分工，叫作个别的分工。”①

分工发展的根源和动力，列宁指出：“商品经济的发展使单独的和独立的生产部门的数量增加。这种发展的趋势是：不仅把每一种产品的生产，甚至把产品的每一部分的生产，都变成专门的生产部门；商品经济的发展甚至把产品准备好以供消费的各个工序都变成单独的生产部门。”②

“技术进步必然引起生产的各部分的专业化、社会化。”③ 大体的演进过程是：内部分工专业→社会分工专业化（社会化和市场化）→专业成为行业（全社会供求，规模扩大、产业化）。

（2）关于协作。协作的特征。马克思：“许多人在同一生产过程中，或在不同的但互相联系的生产过程中，有计划地一起协同劳动，这种劳动形式叫作协作。”④

马克思根据协作发展水平，区分了协作的三种基本形式：简单协作，以分工为基础的协作（工厂）、复杂协作（大机器工业）。标志着三个阶段。

协作的社会功能。马克思认为能产生新的生产力：“这里的问题不仅是通过协作提高了个人生产力，而且创造了一种生产力，这种生产力本身必然是集体力。”⑤

---

①④⑤　马克思. 资本论（第一卷）［M］. 中共中央马克思恩格斯列宁斯大林著作编译局. 北京：人民出版社，2004：397.

②　列宁选集（第三版）（第一卷）［M］. 中共中央马克思恩格斯列宁斯大林编译局. 北京：人民出版社，1995：164.

③　列宁全集（第二版）（第一卷）［M］. 中共中央马克思恩格斯列宁斯大林编译局. 北京：人民出版社，1985：80.

2. 马克思、列宁论集中与企业规模

（1）规模经济的优越性。马克思："工业企业规模的扩大，对于更广泛地组织许多人的总体劳动，对于更广泛地发展这种劳动的物质动力，也就是说，对于使分散的、按习惯进行的生产过程不断地变成社会结合的、用科学处理的生产过程来说，此处都成为起点。"①

（2）规模经济（大生产）的适用条件和范围。列宁："资本主义最典型的特点之一，就是工业的蓬勃发展，生产集中于愈来愈大的企业的过程进行得非常迅速。"②

"就是在工业中，大生产具有优越性的规律，大生产也只有当其他条件相同时，才能保证这个规律完全适用。"③

3. 马克思、列宁论垄断与竞争

垄断与竞争是产业组织理论的重要命题，马、列对垄断与竞争的起源、方式、机制、结果等早有精辟论述。

起源：马克思在《资本论》中指出，二者都起因于剩余价值规律和价值规律的综合作用，认为谋求超额利润的资本家之间的竞争，诱发减轻生产费用的新的生产方式，必然追求规模的经济性，结果导致企业的大型化，淘汰落后企业，发展为垄断。"竞争孕育了它的对立物——垄断"，就是其著名论断。

方式：马克思曾阐明，剩余价值资本化即积累，导致资本再生产规模扩大，竞争将导致资本集中和市场结构变化，导致垄断。这是因为竞争是通过使劳动价格便宜进行的，便宜又取决于劳动生产率，进而取决于生产规模的经济性。

机制：马克思认为，为获超额利润而重视技术革命的创新机制，资本和劳动力在各部门间的分配机制以及积累机制乃是推动竞争和垄断的

---

① 马克思．资本论（第一卷）［M］．中共中央马克思恩格斯列宁斯大林著作编译局．北京：人民出版社，2004：397.

②③ 列宁全集（第二版）（第一卷）［M］．中共中央马克思恩格斯列宁斯大林编译局．北京：人民出版社，1985.

内在机制。

结果：马克思认为竞争和垄断是动态的历史过程，其结果是调节资本和资源在不同部门的配置，推动技术和产业组织的演进，使经济增长，但又强调竞争的激烈程度同相互竞争的资本多少成正比，其结果是优胜劣汰。

列宁所处时代是垄断资本主义。他在《帝国主义是资本主义的最高阶段》中对生产集中和垄断作了详尽分析。认为生产集中必然引起垄断，同时揭示了垄断的弊病：使矛盾激化，竞争手段复杂，加深经济危机，进而加强集中和垄断。还特别指出国际性垄断同盟的产生：认为银行业由于集中而由普通的中介人变成万能的垄断者，并与工业资本融合形成金融寡头；资本随之输出，在瓜分了国内市场之后瓜分国际市场，从而产生国际性垄断同盟。

列宁还阐述过联合的趋势及其带来的好处："分散的企业联合为一个辛迪加，就能大大节省。"①

列宁还认为，垄断组织发展可分为三个阶段：

（1）19 世纪六七十年代是自由竞争发展的顶点，这时垄断组织只是一种不明显的萌芽。

（2）1873 年危机后，卡特尔有一个很长的发展期，但不稳定，还只是一种暂时现象。

（3）19 世纪末的高涨和 1900~1903 年的危机，这时卡特尔成了全部经济生活的基础之一。资本主义转化为帝国主义。②

这对了解垄断组织产生的历史背景和物质条件有重要意义。

①② 列宁选集（第三版）（第一卷）［M］. 中共中央马克思恩格斯列宁斯大林编译局. 北京：人民出版社，1995.

第三节 产业组织理论的研究内容和基本框架

综观新旧产业组织理论以及各学派的观点，差别主要体现在如何看待这些基本内容的联系和逻辑关系，即分析的逻辑起点或重心不同，因此而形成了结构主义和行为主义两大学派。前者强调 S ⟶ C ⟶ P 单向决定关系（当然后期的结构主义亦看到了反向的影响作用，因而亦拓展为 S ⇄ C ⇄ P 双向分析框架），后者强调企业行为对结构，绩效的影响，重在分析企业的内部产权结构、组织形式、经营目标及预期等对企业行为的影响进而对结构、绩效的影响。当然在研究方法上也各具千秋，有的侧重实证研究，有的侧重理论分析（特别是以微观经济学的价格理论为基础），与此相应的理论模式（假设条件）也有明显区别：理论分析以完全竞争和完全垄断的市场类型为参照系和出发点，重点对产业组织问题的解释；实证分析则以最接近现实的垄断竞争和寡头竞争的市场类型为对象，重在引出政策导向。

尽管如此，但他们在产业组织理论的主要研究内容和基本分析框架上基本是一致的，且有不断融合趋同之势。现将几本著作中各自整理的产业组织理论的主要研究内容和基本分析框架介绍如下：

图 1-1 为上海财经大学出版社出版的杨公朴、夏大慰主编的《产业经济学教程》中的内容。

图 1-2 为中国统计出版社出版的中南财经政法大学的邬义钧、邱钧主编的《产业经济学》中的内容。

图 1-3 为中国人民大学出版社出版的李悦等编著的《产业经济学》中的内容。

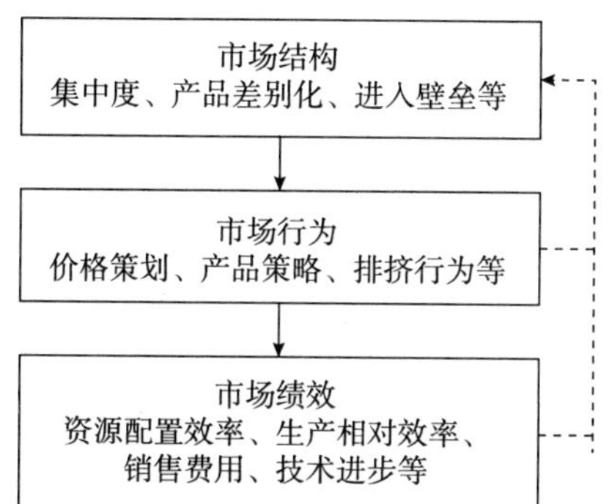

图 1-1 市场绩效与市场结构、市场行为的关系

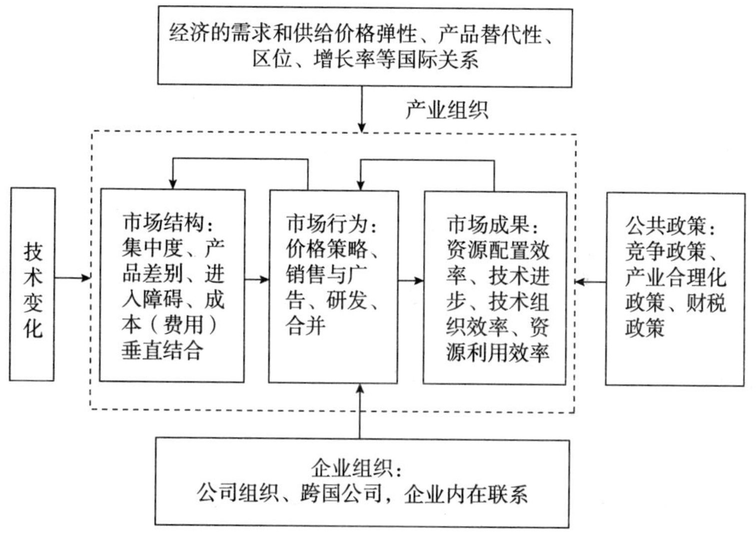

图 1-2 产业组织理论框架

图 1-4 为上海三联书店、人民出版社出版的丹尼斯·卡尔顿、杰弗里·佩罗夫著，黄亚钧等译的《现代产业组织》（上）中的内容。

图 1-5 为东北财经大学出版社出版的于立、王询主编的《当代西方产业组织学》中的内容。

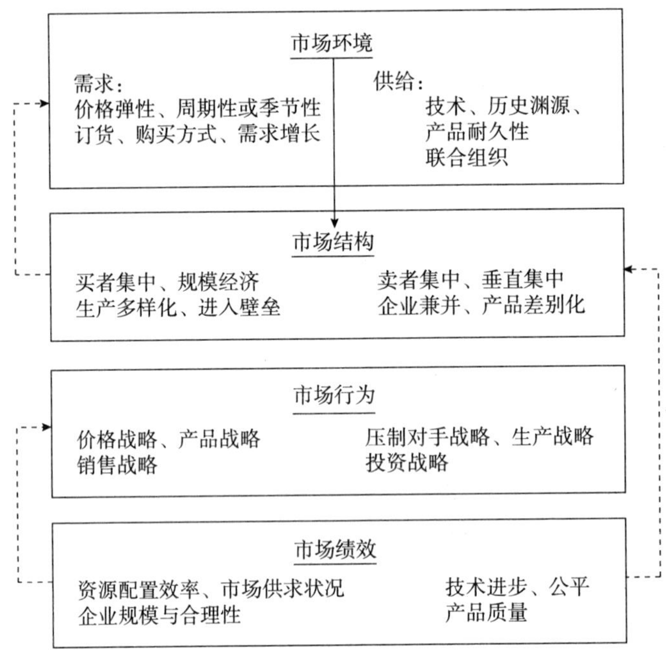

图 1-3　现代产业组织理论体系框架

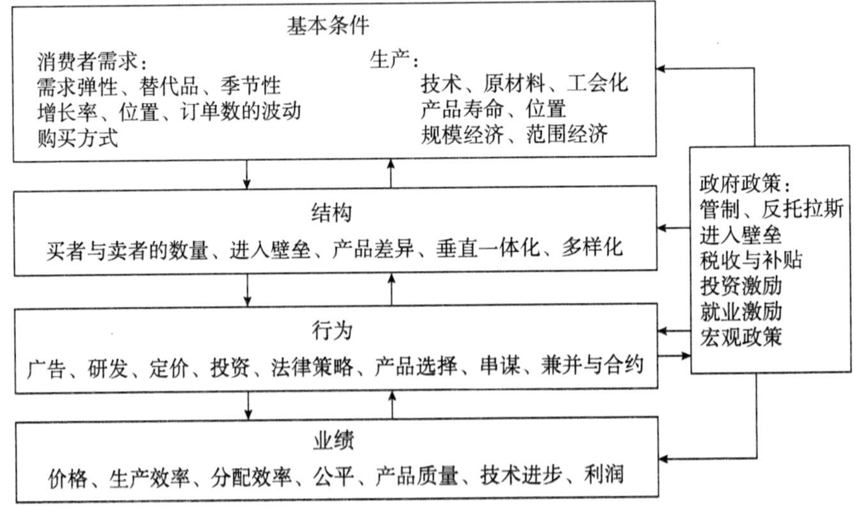

图 1-4　结构、行为、业绩关系及其与政府政策的相互作用

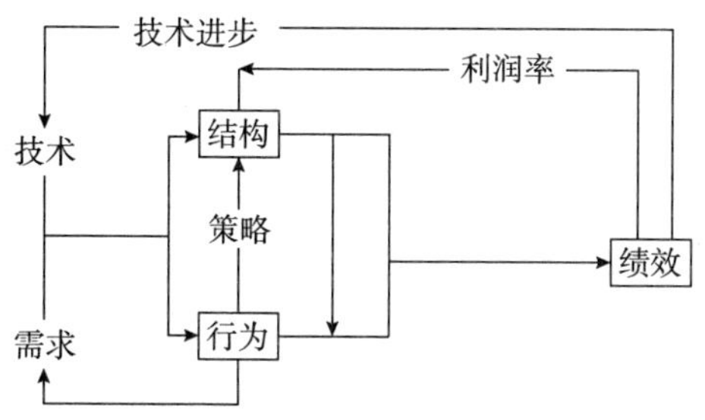

图 1-5　结构、行为、绩效之间的相互关系

第四节　我国产业组织理论研究状况及努力方向

经过半个世纪的发展，西方产业组织理论已成为一门非常完整、对政府组织政策影响极大的学科，我国产业组织研究落后，薄弱得多。主要表现在以下方面：

企业行为研究一方面处于逻辑推理阶段，缺乏实证研究；另一方面视野又相对狭窄（适应改革需要，大多沿着产权结构—企业行为—产权改革的框架进行）。

对市场结构的研究比较零散，基本行业的市场结构状况不甚清楚。"双重"体制下企业内部的产权安排远比市场结构对企业的影响有力得多，因此相比之下市场结构的研究更为冷清，以致既不清楚我国的主要行业的集中度、进入壁垒，又不知企业类型的行为指向和创新程度，更不明了结构、行为、绩效间的数量关系。

努力方向：

要掌握现代产业组织理论的最新进展，特别是已被证明的结论，以及西方的公共政策，对我国都有较好的借鉴意义。

扎扎实实做好组织研究的基础工作。这是一门实证科学，基础数据的收集、整理分析是其“基础设施”，如主要行业市场结构状况，企业行为方式的分类和分布，各行业及不同类型企业利润率，不同产品的市场容量等。有学者指出，现在要做好：①主要行业有关集中度、领先企业关系、进入壁垒资料的收集加工分析；②主要类型的企业行为分析，包括不同类型企业的内部组织结构、权益结构、行为目标、行为方式等问题的实证研究，方法是大量的案例分析和问卷调查；③结构、行为、绩效、逻辑关系的统计分析。

加强以产业组织理论为基础的竞争法规的研究。竞争法规是以产业组织分析为直接理论基础的。我国市场规范问题迫在眉睫，迫切需要适合市场规律的《公平竞争法》《反垄断法》，这对于建立竞争开放，高效有序的市场体系极具现实意义，大有文章可做。

产业组织问题的定性研究对中国这块处女地比定量研究更重要。因为我们对极具特殊性的中日企业的许多基本关系尚缺明晰的认识。因此还不能盲目利用西方计量理论模型来硬套中国市场组织问题。“哲学道理”先定性后定量，定性不准，定量必谬。

马克思主义经济学中的产业组织理论的归纳，特别是他与西方组织理论的关系尚待探索、总结，整理出一本马克思主义产业组织学，特别是具有中国特色的产业组织学应是我国学者研究产业组织理论的最大目标。

第二章　市场结构

导　读

市场结构是产业组织学的基本假设之一，是决定市场行为和市场绩效的前提条件。要通过学习影响市场结构的主要因素和分析方法，进而了解中国市场结构的一些分析资料和研究成果，力求对中国主要行业的市场结构有所把握。

市场结构是产业组织学的核心，特别是正统SCP分析研究中的主题。市场结构的定义有各种表述，大多是指特定的市场中，企业之间在数量、份额、规模上的关系，以及由此决定的竞争形势。

分析市场结构首先要把握市场的含义。一般经济学中的市场多是指交易关系的综合，或是指供求作用机制，而组织学中的市场则指一组产品有较高替代率的、特定的企业组合。

为便于理论分析，根据竞争和垄断程度不同，一般将各种市场结构划分为四种类型：完全竞争市场、完全垄断市场、垄断竞争市场、寡头垄断市场。

四类市场的划分是对现实的高度抽象，特别是完全竞争和完全垄断是两种极端类型，只能作为理论研究的样本和现实分析的参照标准。垄断竞争市场概括的产品相似而不同，可以替代但又不能完全替代，是现实中的普遍现象；寡头垄断市场中，生产高度集中于少数大企业，竞争主要在寡头中展开的特征，也是现实中另一类普遍现象。产业组织学研究的市场主要是后两种类型。

市场结构状态（竞争和垄断程度），可以从市场结构直接考察，也可从市场行为、绩效方面间接考察，由此可以归纳出度量市场结构的三种途径：①直接度量市场结构。即考察影响市场结构的主要因素，如市场集中度、产品差别化、进入退出障碍等。特别是市场集中度指标，用于衡量市场结构更为直接。②通过考察企业行为来判断市场结构。市场是否具有垄断性的一个核心问题，在于企业是否具有支配力，即影响市场价格的能力。企业定价行为本身虽不是结构特征，但结构对行为却有重大影响，因此行为在一定程度上可以反映结构。③从市场绩效考察。绩效影响结构或行为，同时也是结构的间接反映，是结构的一面镜子。况且绩效比较容易观测和度量。所以从绩效看结构也不失为一条正确途径。

决定市场的主要因素有：①市场集中度。他与市场的垄断程度呈正相关，市场集中度越高，市场的垄断性越强；反之，则相反。②产品差别化。他与市场垄断程度亦呈正向关系，产品差别化越大，越容易形成市场垄断。③规模经济。一个行业的规模经济性越高，要求企业的规模越大，越容易形成垄断，抑制竞争。④市场进退障碍。一个行业的进退障碍越大，中小型企业越难以进入，越容易造成垄断性市场。

第一节　市场结构的内涵

市场结构是产业组织学的核心内容，特别是传统 SCP 分析中的研究主体。产业组织理论作为一门学科存在，主要归因于对市场结构的开创性研究。

市场结构的定义，有各种大同小异的表述：

（1）指特定的市场中，企业间在数量、份额、规模上的关系，以及由此决定的竞争形式。

（2）指对某一特定产业内部竞争程度和价格形成产生战略性影响的市场组织的特征。

（3）指企业市场关系的特征和形式。内容包括：卖方之间（企业）关系，买方（企业或消费者）之间的关系。买卖双方之间的关系，市场内已有的买方和卖方与正在进入或可能进入市场的买方、卖方之间的关系。上述关系的综合反映就是市场的竞争和垄断关系。

（4）指市场主体的构成、主体间的相互作用以及规模比例关系。任何市场都由买卖双方构成，因而市场特性也可由其复杂的关系表现出来。

分析市场结构，首先要把握住市场的含义，注意组织理论与一般经济学运用市场概念的差别。一般经济学中的市场，要么是交易关系的综合，如商品市场、金融市场等；要么是指供求作用机制，如市场价格等，而组织学中的市场，则指一组特定的企业的组合，这些企业的产品有较高的替代率。

谢佩洪的定义是：市场是一组买者和卖者对特定商品进行的交换与交易。这一特定 w 与其他 w 的交叉需求弹性很低。

尼洪海姆的定义：市场是指一组从事买卖或交易的买卖者，这些买卖者在同一个地域内销售效用可以替代的产品。

弗格森：市场是一组企业的集合，这组企业生产的产品在买者看来有紧密的替代弹性。

综上可见，某类市场的确定关键在于替代弹性的度量和确定。具体的划分中确定某个企业属于哪个特定市场并非易事（特别是多元化企业），但这对反托拉斯法的实践非常重要。

从上述定义也可发现，定义市场主要是从行业角度考虑，但也不尽然。于是，王询在《当代西方产业组织学》中介绍了三个角度：

其一，从地理角度定义市场，需要考虑的主要因素：

特有需求：如果一个地区对某 w 有特殊需求，该地区可认为是个单独市场。

很少输入：如果一个地区消费的某种 w 绝大部分靠区内生产，该地区可认为是个单独市场。

很少输出：如果一个地区生产的某种 w，绝大部分是区内消费的，该地区可认为是个单独市场。

运输成本：如果高到足以使消费者不到区外购买，并且外地供应商也难进入，该地区可认为是个单独市场。

价格决定：如果价格确定和变动都以地区为限，该地区可认为是个单独市场。

其二，从产品角度定义市场，需考虑的因素：

需求的交叉价格弹性。他表明两种 w 中任何一种价格变化 1%会影响另一种 w 需求量变化的百分比。弹性为正时，两种 w 为替代品；弹性为负时，两 w 为互补品。一般来讲两种 w 交叉弹性较大，说明同属于一个市场。这是确定特定市场的重要依据，但具体划分难以确定明确标准，主要靠经验。

供给的交叉价格弹性。替代关系不仅存在于需求方面，也存在于供给方面。需求的交叉价格弹性体现价格变动后消费者的潜在反映，而供给的交叉价格弹性体现价格变动后供给者的潜在反映。判定规则仍是，弹性较大说明有关要素商品同属于一个市场。

其三，按标准行业划分定义市场：

产业组织学中时常将行业当作市场的同义语，即一个行业就是一个市场。这样，关键在于行业划分。各国都有自己的分类标准，联合国也制定了通用的标准分类。值得注意的是，标准行业划分主要从技术角度确定，有时不一定完全适合产业组织问题的理论分析和政策制定。实证研究中还需注意，有些归入某行业生产价值总额的 w 不一定属于该行业。

第二节　市场结构的基本类型

为便于理论分析，根据竞争和垄断程度，一般将各种不同的市场结构划分为四种基本类型（张伯伦、罗宾逊夫人分类法）。

（一）完全竞争市场

这是一种不存在垄断，竞争程度最高的市场。其特征：

（1）市场上有大量互相独立的买者和卖者，企业规模普遍较小，谁也不能影响市场价格。

（2）所有企业都提供同质的标准化产品，产品无差异。

（3）企业能自由进入和退出市场，没有任何限制资源流动和价格变化的障碍。

（4）所有买方、卖方都能获得完全信息，不存在由信息产生的交易成本。

显然完全具备这些特征的市场并不存在，只有农产品市场有点类似。

（二）完全垄断市场

这是不存在竞争、高度垄断的市场。其特征：

（1）完全垄断的产业只有一个企业，该企业就是产业。

（2）完全垄断企业提供的产品，没有良好的替代品。

（3）其他企业难以进入。

现实中某些公用事业有点类似。

（三）垄断竞争市场

垄断与竞争并存。其特征：

（1）市场有少数企业可以对市场施加影响，但不能控制价格。

（2）产品在质量、商标、外观、广告、服务等方面存在差异，但差异又不是大得不能互相代替。

（3）市场进退障碍比较小，企业能自由进退。

这是较接近现实的类型。如食品、服务、日用工业品市场大体类似。

（四）寡头垄断市场

其特征：

（1）产业内只有少数几个企业（2~10 个以上），企业间既互相依赖又互相竞争。

（2）每个企业占有相当的市场份额，能对价格产生一定影响。

（3）市场进退障碍相当大。

这类市场在钢铁、有色金属、汽车、建材、电子等产业中较为普遍。

四类的划分是对现实的高度抽象，特别是完全竞争和完全垄断是两类极端类型，只能作为理论研究的样本和现实分析的基本参照标准。垄断竞争市场概括的产品相似而不相同，可以替代又不能完全替代是现实中的普遍现象；寡头垄断市场中生产高度集中于少数大企业，竞争主要在少数大企业中展开的特征，也是现实中常有的另一类普遍现象。产业组织学作为一门应用性学科，主要研究对象是后两种市场；微观经济学作为理论学科则主要着力于前两类更为抽象的市场（此外，实践分类如植草益、贝恩分类为 CR4、CR8，反映市场集中度）。

第三节　度量市场结构的基本途径

市场结构状态（竞争或垄断的程度），可以从市场结构直接考察，也可从行为或绩效方面间接考察，有时可通过企业行为方式，尤其是大公司的竞争策略来判断。由此我们可以找到度量市场结构的三种途径：

（一）直接度量市场结构

即考察决定市场结构的直接因素，这主要是集中度、产品差别化程度、进退出障碍等。特别是集中度指标均可直接用于衡量市场结构。

（二）通过考察企业行为方式来判断市场结构

市场结构状态也即竞争或垄断程度，而是否垄断的一个核心问题就在于是否存在市场支配力，即影响市场价格的能力。企业定价行为本身虽不是结构特征，但结构对行为却具重大影响，因此行为在一定程度上可以反映结构。问题是很难对企业行为进行清晰准确的描述，况且有市场支配力也不等于实际运用他去控制市场。

（三）从市场绩效入手考察

绩效影响结构行为，也是结构的间接反映，是结构的一面镜子，所以从绩效看结构也不失为一条正确的途径。

市场绩效包括资源配置效率、生产相对效率、技术进步等，比较容易观测和度量。问题是如何确定价值标准（如①勒纳指标：价格与边际成本偏离程度；②贝恩指数：考察是否存在超额利润）和对观测结果作出恰当解释。

第四节　市场结构的决定因素

表 2-1 为基本分析框架。

表 2-1　买方竞争状况与市场结构关系

	高	低	
市场集中度	强	弱	对垄断形成的影响
产品差别化	强	弱	
规模经济	强	弱	
市场进退障碍	强	弱	

此外，还需要考察几个重要影响因素：

（1）需求价格弹性、市场需求增长率、短期成本结构变化对结构影响；

（2）买方数量、规模对市场结构的影响，尤其买方垄断对市场效率的影响；

（3）计划经济下中国市场结构的买方卖方双垄断现象。

第三章　市场集中度

导　读

市场集中是产业组织学的首要问题。集中理论是规模、专业化协作、联合化、企业集团等组织专题的理论基础之一，是分析市场结构的重要概念和度量指标。

集中通常是指社会生产过程中企业规模扩大的过程。它表现为全部企业中极少数企业集聚或支配着很大比例的生产要素。从不同角度有以下几种集中的概念：①资本集中。一般是由两方面因素引起：一是资本总是要追逐利润的最大化，所以什么行业、什么产品能获得最大利润，资本就在哪里聚集和集中；二是竞争的产物。无论什么形式的竞争，归根结底都是资本实力的竞争，大资本要吃掉小资本。若干小资本为了适应竞争，要联合起来，形成比大资本更大的联合资本，而大资本也要联合起来对付联合起来的小资本，这就不可避免地形成了资本集中。②工业集中与行业集中。工业集中反映的是工业整体的集中程度，可用于考察一国的工业组织结构状况、工业化进程或发展水平。行业集中是以较为具体的行业为考察对象，它反映了行业经济资源在不同企业间分布的均衡程度。③买方集中与卖方集中。买方集中指买方在特定产业市场中所占份额，反映买方的结构和集中状况；卖方集中则指卖方企业在特定产业市场中所占份额，反映该产业市场的规模结构及生产集中状况。④一般集中与市场集中。一般集中指在整个国民经济中最大的若干家企业所占比重的指标。他反映少数大企业对国民经济的支配力，反映整个国内市场的竞争或垄断状况。市场集中则表现在具体的某个产业市场中，买者或卖者具有什么样的相对规模结构。例如汽车制造业中，销售额占前几位的企业市场占有率（行业集中也即市场集中，前述概念仅限于工业领域）。

传统组织学将市场集中作为衡量市场竞争程度的最重要指标。认为较高的集中度表明少数企业拥有相当程度的支配力，特别是价格支配力。非传统组织理论则提出，市场的竞争性不仅与单个企业的市场份额有关，还与市场进入障碍等因素有关。集中度高并不一定竞争弱，还可能与激烈竞争并存。

集中度指标主要有：①绝对集中度指标。通常用产业内前几位企业的有关数值（产值、销售额、职工数）占整个产业市场的份额。②相对集中度指标。反映产业内所有企业的分布状况，常用洛伦兹曲线和基尼系数。③平均份额与集中系数。平均份额指各个产业中企业所平均拥有的份额。集中度系数是用绝对集中度方法计算的行业集中度与行业平均份额的比值。这两个指标不仅可以反映某行业的绝对集中度和相对集中度，还可反映企业数量的影响以及大小企业间的规模差异。

一个产业市场集中度的高低受很多因素制约，这主要是：①市场容量大小。一般而言，市场容量大，企业扩张余地大，从而大企业占的市场份额越小；反之，则相反。②规模经济水平。一个产业的规模经济水平越高，大企业的优势越强，所占市场份额可能越大。同时，较高的规模水平也对小企业和新企业的进入设置了严重的资金、技术性障碍。这当然有利于市场集中和寡占；反之，则相反。③企业的垄断动机。企业总是力图排挤和减少竞争对手，只要规模扩大，不会带来单位生产成本上升，企业就会把规模扩大到最小最优以上，强化垄断地位，从而造成市场集中。④国家政策法规。既有促进集中的，如《专利法》《许可证制度》等，也有限制集中的，如《反垄断法》《中小企业法》等。

集中的作用与经济性主要从其与市场结构、行为、绩效的关系来分析。①市场集中与市场结构。一般来讲，企业数量越少，少数企业规模越大，对市场价格影响越大，越容易形成垄断性市场。若将买卖双方的集中度细分，再分别组合，则有很多类型的市场结构。正如前述，但在有些情况下，集中度只是决定市场结构的必要条件，而非充分条件。不同集中度的市场，并不一定一一对应着不同竞争程度的各种市场结构。②市场集中与企业行为。一般而言，市场集中越高，大企业控制力越强，越容易出现串谋与联合、兼并，从而使大企业缺乏压力，降低对产品、服务、技术进步的关注程度。反之，则相反。非传统理论则提出，集中仅是影响企业行为的因素之一。集中度相同的不同市场上，企业行为可能存在着不同模式。③市场集中与市场绩效。集中与利润率的关系，一般认为卖方越集中，行业利润率越高，但也有学者认为，二者的正相关关系非常不明显。买方集中度与利润率的关系，一般结论是负相关。集中度与社会总体福利的关系，传统理论认为，集中导致垄断，可能造成社会福利的损失。但部分学者对此观点也有异议。

对英、中、日、美等国制造业的实证分析表明，市场集中度在不同行业中有明显差别。一般是重工业市场集中度较高，轻纺工业市场集中度较低。因为前者规模经济性强，初始投入大，进入障碍高，后者则相反。

市场集中度的演变趋势，总体是在上升，根本原因是国际竞争加剧，规模经济标准性提高，企业兼并浪潮等。但同时因反垄断政策的制约，竞争型市场在发达国家中仍占较大比重。

第一节　关于集中的几个概念

集中通常是指社会生产过程中企业规模扩大的过程。它表现为全部企业中仅占很少比例的企业，积聚或支配着很大比例的生产要素。从不同角度，又分别提出几个概念：

（1）资本集中。引起的原因：一是资本追求利润最大化，什么行业产品利润最大，资本就在那里聚集和集中；二是竞争的产物大资本吃掉小资本，小资本联合起来形成联合资本，而大资本也会联合起来对待联合的小资本。这就不可避免地形成资本集中。

（2）工业集中与行业集中。工业集中考察的范围是整个工业，他涵盖了从自然界取得物质资源和对原材料进行加工的各个社会物质生产部门和行业，是对工业不同行业生产能力分布状况的一种综合反映。

行业集中是以某个较为具体的工业行业为考察对象，它反映行业经济资源在不同企业间分布的均衡程度（当然，不能仅指工业中的行业）。

工业集中反映的是工业的整体集中程度，可以用于考察一国的工业组织结构状况、工业化进程和发展水平。但由于工业内各行业间并不存在直接竞争关系，所以考察工业的总体市场结构（竞争状态）并不能将各行业集中度简单累加，或得出二者同向同步变化的结论。行业集中与行业内企业间的市场竞争状况密切相关，行业集中度越高，说明少数几家大企业集中的资源越多，对市场的影响和支配力越强。

（3）买方集中与卖方集中。卖方集中指卖方企业在特定产业或市场上所占市场份额的高低，反映该产业市场上的规模结构及产业内生产集中状况。

买方集中指买方在特定产业市场中所占份额，反映买方的结构和集中状况。但在现实经济中，除了资本品及中间原材料产品市场上买卖双方可能都是生产企业外，一般消费品市场上大多数买方都是消费者，而消费者人数众多，且购买规模差异较小，所以讨论集中度多以卖方集中为主，但如果将中间商考虑进去，买方的状况又不尽然，集中度差异也可能很大。

（4）一般集中与市场集中。一般集中指在整个国民经济或全部企业的经济活动中最大的若干家企业（前 100 位、200 位或 500 位等）所占比重的指标，包括资产、产值、销售额、利润、职工人数等。它反映了少数大企业对国民经济的支配力，反映整个国内市场的竞争或垄断状况，也反映全部企业的规模结构。它间接地、累计地影响市场竞争程度。如美国的一般集中在 1947～1963 年上升，1963～1972 年平稳在 33%左右；日本于 1950～1958 年从 45. 8%下降至 24. 8%，20 世纪 60 年代稳定在 28%，1975～1979 年下降至 26. 6%。

（5）市场集中则表示在具体的某个产业或市场中，买者或卖者具有什么样的相对的规模结构。例如汽车制造业中，销售额处于前几位企业的市场占有率。行业集中也即市场集中，传统组织学将之作为衡量市场竞争程度的最主要指标，认为较高的集中度表明少数企业拥有相当的市场支配力，特别是价格支配力，从而使市场竞争性较低。非传统组织理论则提出，市场的竞争性不仅与单个企业的市场份额有关，还与市场进入障碍等其他因素有关。保罗·萨缪尔森指出：一个由单个企业构成的行业集中度为 100%，但若潜在的供给弹性足够大，如果存在能带来垄断利润的价格，那么现有的垄断就会受到新进入者或该行业原有边际厂商扩张引起的洪水般冲击，这时垄断势力可以视为零。所以集中度高并不一定竞争性弱，还可能与激烈竞争并存。

第二节　市场集中度指标

衡量市场集中的程度，可以利用多种量化指标。

（一）绝对集中度指标

通常用产业内处于前几位企业的有关数值（生产、销售、职工数）占整个产业或市场的份额。

$$C_{Rn} = \sum_{i=1}^{n} x_i / \sum_{i=1}^{N} x_i$$

C_{Rn}表示某产业中前 n 家最大企业的市场集中度；x_i 表示为 x 产业第 i 位企业的生产额或销售额等；$\sum_{i=1}^{n} x_i$ 表示 i 位企业的生产额或销售额等数值之和；N 表示为 x 产业的全部企业数。

运用该指标必须注意的问题：该指标可综合反映企业数目及规模分布这两个决定市场结构的重要方面。但若 n 的取数不同，不同产业集中度的大小关系可能会出现变化。如图 3-1 所示。

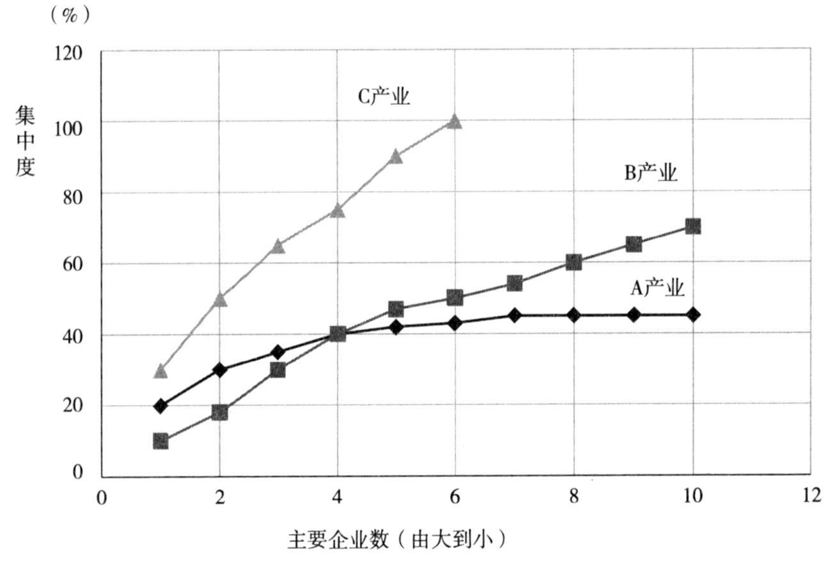

图 3-1　绝对集中度

（1）A、B 两产业的 CR4 值大体相同，CR3 和 CR5 值大小相反。

（2）它只能说明几家大企业的总体规模，而忽略了其余企业的分布状况。

（3）它不能反映最大几家企业的个别情况，如前 4 家企业有一家特大，3 家较小，或 4 家规模相当，计算出的集中率相同，实际的市场支配力相差很大。

（4）它难以反映市场份额和产品差异程度的变化。

（5）还有注意不同产业不同时期的特点。如以资产为基础计算的集中率对资本密集型和劳动密集型产业的比较就无太大意义。再如销售额是常用数值，但容易忽略企业内部交易，对纵向一体化企业有可能低估其地位。增加值是指销售收入与中间投入成本的差额，以他为基础计算的集中率对原材料价值比重差别大的产业，就不一定能准确说明问题。

贝恩最早运用集中度指标对产业的垄断状况进行分类研究，将集中类型分为六个等级，并以此对美国 50 年代产业集中度进行了测定（见表 5-2）。

日本学者越后和典教授也曾对日本 17 个部门 156 个产业进行分类测定（见表 5-3）。

（二）相对集中度指标

反映产业内所有企业的规模分布状况。常用洛伦兹曲线和基尼系数。

洛伦兹曲线表明市场占有率与市场中由小到大企业的累计百分比之间的关系（见图 3-2）。

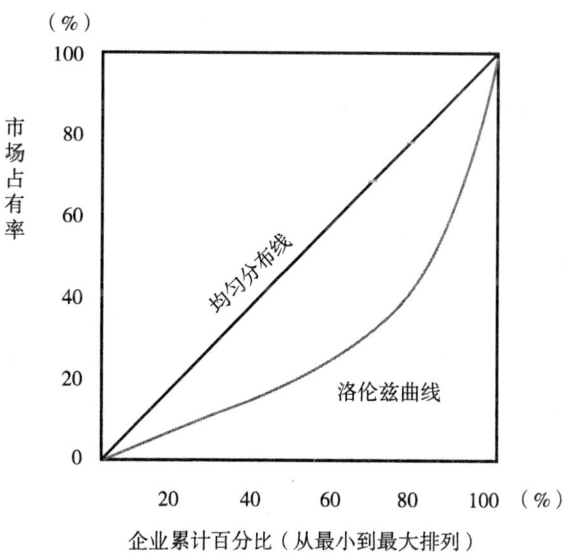

图 3-2　洛伦兹曲线

若洛伦兹曲线与对角线重合，说明该产业中所有企业规模相同；偏离度越大，规模分布越不均匀。

它反映相对集中度，不是绝对集中度，例如在一个只有两家或数家规模相同企业构成的产业中，其曲线与对角线重合，但该产业却是高度集中的。

基尼系数建立在洛伦兹曲线基础上，把曲线反映的不均匀度用数量表示出来，公式：

$$基尼系数=\frac{均等分布线与洛伦兹曲线之间的面积}{均等分布线以下的三角形面积（阴影部分）}$$

系数在 0~1，系数越小，说明分布越接近均等，越大则相反；等于 0 则完全相等。它的局限性与洛伦兹曲线一样，例如两家各占 50%市场占有率组成的产业与 100 家各占 1%市场占有率组成的产业，基尼系数都为 0，但市场结构显然相反。所以这两个指标只能反映特定市场，数量相对集中指标。

（三）平均份额与集中系数

中国学者马建堂在其《结构与行为——中国产业组织研究》一书中引入这两个概念，试图结合绝对集中与相对集中的优点，并使计算简化。

平均份额，指该产业各个企业所平均拥有的份额，公式如下：

$$\overline{C_n}=\frac{100}{行业企业数目}\times n$$

其中，n 为要计算的企业数，一般为 4 或 8，显然平均份额与企业数成反比。

集中系数（CI）就是用 C_{Rn} 法计算的行业集中度与行业平均份额的比值。公式为：

$$CIn=C_{Rn}/\overline{C_n}$$

其经济意义是：集中系数是某一行业前几位企业集中度为平均集中度的倍数。运用集中度（C_{Rn}）和集中系数（CIn）这两个指标，不仅可以反映某行业的绝对集中度，还可反映相对集中度；不仅反映了企业数量的影响，也反映了大、小企业间的规模差异。

第三节　影响市场集中度的主要因素

一个产业的市场集中度高低，是由该产业的市场容量和企业规模的相对关系确定的，同时也与企业垄断动机、横向合并自由度、行业进入壁垒、国家政策法规等因素密切相关。

（一）市场容量大小

一般而言，市场容量大，企业扩张的余地大，从而大企业占的市场份额可能愈小；反之则相反。因为市场的扩大，一方面可以抵消由于企业规模膨胀而形成的集中趋势；另一方面又为小企业成长和新企业进入提供了机会，从而可能降低集中度。

（二）规模经济水平

一个产业的规模经济水平越高，大企业的优势越强，竞争能力越大，所占市场份额可能越大；同时较高的规模水平要求，也为小企业的发展和新企业的进入设置了严重的资金、技术性障碍。这些都有利于市场的集中和寡占。反之，则相反。

（三）企业的垄断动机

企业都有获取垄断利润的动机，总是力图排挤、减少竞争对手。做法包括掠夺性降价，限制性交易协议，产品共谋以及水平合并、控股等行为。只要规模扩大不会带来单位生产成本上升而产生规模不经济性，企业就会充分利用各种手段把规模扩大到最小最优规模以上，而且有时即使产业规模不经济，但只要能强化垄断地位而带来超额利润，企业也会通过合并和其他手段，进一步扩大规模和市场份额，从而造成市场集中。

（四）国家政策法规

既有促进集中的，也有限制集中的。后者如中小企业法、反垄断法，前者如专利法、许可证制度等。

第四节　市场集中的作用与经济性

集中的作用与经济性，主要从其与市场结构、市场行为和市场绩效的关系来考察。

（一）市场集中与市场结构

衡量市场集中度的指标结合了企业数量及其相对地位（规模）这两个基本因子，同时也是影响市场结构的两个基本因素，因而也是描述市场结构的最主要方法。

一般来讲，企业数量越少，少数企业规模越大，对市场价格影响作用越大，越容易形成垄断性市场。传统组织理论正是依据这一逻辑将市场结构划分为独占型、寡占型、垄断竞争型及竞争型。若将买卖双方的集中度细分再分别组合，则有更多类型（见表3-1）。

表3-1　集中与市场结构组合关系

卖方＼买方	1家	少数	多数
1家	双方独占	卖方独占、买方寡占	卖方独占
少数	买方独占、卖方寡占	双方寡占	卖方寡占
多数	买方独占	买方寡占	原子型竞争

资料来源：[日] 马场传雄等. 买方市场构造和市场效果 [J]. 经济分析，1997（2）.

但后期的非传统组织理论则指出：市场集中度作为决定市场特性（结构）因素之一的作用被夸大了，实际上他只是必要条件，而非充分条件，不同集中度的市场并不一一对应着不同竞争程度的各种市场结构。

（二）市场集中与企业行为

一般而言，集中度越高，大企业控制力越强，越容易出现串谋或联合、兼并，从而使大企业缺少压力，降低对产品质量、服务，技术进步、新产品开发的关注程度。而集中度相对低的竞争性市场则相反，当然企业行为反过来也对集中度产生影响。

非传统组织理论则提出，集中度相同的不同市场上，企业行为可能存在着不同模式，因此集中仅是影响企业行为的众多因素之一，相反的作用更应强调：即在一定环境约束下的特定企业行为，使市场集中度发生变化并形成最终格局。

（三）市场集中与市场绩效

对企业而言，绩效主要看利润水平；对社会而言，绩效主要在于社会总体福利水平。

集中与利润率的关系。一般认为卖方越集中，行业利润率越高，但也有实证说明二者的线性正相关关系非常不明显。后继的研究者发现，当集中率超过50%以后，行业间利润率与集中率的正相关关系开始明显出现，而当集中率在10%~15%时，资产利润率反而随集中率提高而下降。因此存在50%这个临界点（也有日本学者认为70%和40%都是临界点）。

还有学者对买方集中度与利润率的关系进行研究，统一的结论是负相关关系，即买方越集中，卖方利润率越低。

集中度与社会总体福利的关系。传统理论认为集中导致垄断，进而可能造成社会福利的损失。因为：

（1）高度集中使少数大企业有能力通过限产提价，资源由垄断行业向其他行业转移。但从社会角度看，垄断行业产量仍显不足。若增产，即可改善部分人的境遇，又不损害他人利益和社会福利（因为垄断产品单位成本效用大于其他产品）。

（2）垄断者的限产提价造成了生产者剩余和消费者剩余（社会福利）的净损失，同时还引起了由消费者向生产者的收入转移。

(3) 形成了高度集中的过程，额外成本被付出。因为企业为求垄断，愿付出少于未来预期垄断利润的额外成本，从而会引起社会福利水平下降。

同样，上诉结论也面临挑战。

(四) 市场集中的行业差别及发达国家的演变趋势

市场集中度在不同行业中有明显差别（见表 3-2、表 3-3）。

表 3-2 英国制造业集中度（1980 年）

行业（二位数行业）	行业数	C_{R_5}平均值
冶炼、金属加工	4	59
非金属矿产业	8	54
化工	8	53
金属制品	5	22
机械工程	11	36
电气、电子工程	7	57
运输设备、机动车	7	65
器具工程	4	41
食品、饮料、烟草	15	58
纺织	9	42
皮革、制鞋、服装	6	23
木材、家具	7	21
纸张、印刷	3	30
其他	6	30
合计	100	44

资料来源：劳杰·克拉克. 工业经济学［M］. 经济管理出版社，1990.

表 3-3　中国工业集中度（1985 年）

行业（按行业部分）	行业数	C_{R_3}平均值
食品	5	7.94
纤维	8	4.94
木材、木制品	3	9.36
纸、纸浆	2	4.84
电力	2	20.02
化工	14	11.44
石油、煤炭	7	32.68
橡胶	2	13.21
矿业	2	32.02
钢铁	4	31.5
非铁金属	2	43.88
服装、制革	2	3.2
建材	3	14.86
一般机械	7	12.21
电气机械	10	17.33
运输机械	8	40.19
精密机械	2	33.65
食盐	1	17.94
合计	84	18.01

资料来源：卢东斌. 中国产业组织分析.［M］. 延边大学出版社，1991.

从上述两国情况大致可见：矿业、冶炼业、电气机械、运输机械、石油、化工等重工业市场集中度较高；纺织、皮革、服装、木材、家具、纸张、印刷等轻纺工业市场集中度较低。日、美等国研究结果大体也如此。这与轻重工业各自的市场特征有关；重工业规模经济性强，初始投入大，进入障碍高，轻工业则相反。

（五）市场集中度的国际比较

由表 3-4[①]可见以下特点：

（1）发达国家的市场集中度比较高。1963 年 C_{R_4}简单平均值均在 37.5%以上，英国最高为 C_{R_5}58.2%，以下为 C_{R_4}，西德为 53.6%、法国为 42.4%、美国为 38.3%、日本为 37.5%、中国为 21.12%（1985 年）。

（2）发达国家极高度集中均较发展。从 80%～100%区段看，英国最高为 C_{R_5}23.8%，依次为西德 19%、法国 14.2%、日本 9%、美国 6.5%，说明大企业有长足发展。中国为 3.5%。

（3）发达国家竞争性行业仍占较大比重。从 0%～19%区段看，日本最高为 30.7%，依次是法国为 26.5%、美国为 21.6%、西德为 13%、英国为 3.7%。说明有大量中小企业在存续发展。中国为 54.76%，说明小企业过于分散。

（六）“战后”发达国家市场集中度的演变趋势

由表 3-5[②]可知：

（1）美国生产资料 C_{R_4}1947～1970 年由 42.8%下降至 40.1%，但消费资料 C_{R_4}从 38.5%上升至 45.1%，制造业总平均值从 40.5%上升至 42.6%，集中度上升原因主要是产品差别扩大。

（2）西欧各国制造业明显上升。英国 C_{R_5}1958～1968 年从 54.4%上升至 67.1%，法国 C_{R_4}在 1963～1969 年从 33.7%上升至 35.3%，西德在 1954～1975 年 $C_{R_{10}}$从 32.3%上升至 42.3%，原因是企业合并浪潮。

（3）日本“二战”后从 60 年代中期，集中度趋下降，原因是强行解散财阀，推行《禁止垄断法》，同时因经济复兴、高速增长引致市场扩大，新企业大量进入。1965 年以后制造业趋于上升，原因是企业追求设备大型化，放缓执行禁垄断法引致企业合并，集团化、系列化发展。

①② 龙茂发·产业经济概论［M］. 成都：西南财经大学出版社，1996.

表 3-4 市场集中度的国际比较

集中度（%）	日本 1963 年		美国 1963 年		法国 1963 年		英国 1963 年		西德 1963 年		中国 1985 年	
	4 位数分类		4 位数分类		4 位数分类		4 位数分类		5 位数分类		产品分类	
	CR_4		CR_4		CR_4		CR_4		CR_4		CR_4	
	行业数	（占比%）	行业数	（占比%）	行业数	（占比%）	行业数	（占比%）	行业数	（占比%）	行业数	（占比%）
80~100	46（9.0）	5.4	27（6.5）	12.2	29（14.2）	8.2	51（23.8）	23.8	38（19.0）	12.5	3	3.57
70~79	21（4.1）	5.1	18（4.3）	3.4	121（5.9）	3.5	26（12.2）	11.9	30（15.0）	7.4	1（1.19）	—
60~69	29（5.7）	2.7	29（7.0）	5.7	15（7.4）	3.5	29（13.6）	14.1	17（8.5）	6.0	2（26.38）	—
50~59	61（11.9）	15.6	43（10.3）	11.9	18（8.8）	7.5	23（10.7）	13.2	26（13.0）	17.9	5（5.98）	—
40~49	56（10.9）	12.6	49（11.7）	7.6	26（12.7）	17	22（10.3）	6.6	22（11.0）	7.6	4（4.76）	—
30~39	63（12.3）	11.2	80（19.2）	17.5	21（10.3）	5.7	32（15.0）	15.9	23（11.5）	10.4	6（7.14）	—
20~29	79（15.4）	14.2	81（19.4）	21.8	29（14.2）	10.5	23（10.7）	10.7	18（9.0）	9.1	17（20.24）	—
0~19	157（100）	33.3	90（21.6）	19.9	54（26.5）	44.1	8（3.7）	3.8	26（13.0）	29.1	46（54.76）	—
合计	512（100）	100	417（100）	100	204（100）	100	214（100）	100	200（100）	100	84（100）	—
简单平均	37.50%		38.30%		42.40%		58.20%		53.60%		21.20%	
加权平均		35.40%		40.90%		33.10%		58.40%		42.80%		—

表 3-5　发达国家市场集中度的演变

国别	CR_n	行业数	47	50	54	55	58	60	63	65	67	68	69	70	73	74	75
			加权平均集中度														
美国	CR_4	166	40.5		42.5		41.8		41.9		42			42.6			
		生产品 97	42.8		42.1		42.1		49.2		39.6			48.1			
		消费品 69	38.5		43.5		42.5		43.7		44.5			45.1			
英国	CR_5	214					54.4		58.5			67.1					
法国	CR_4	283							33.7	34.0	34.0		35.3				
西德	CR_{10}	30			32.4			33.3									
		43				93.5		91.5						40.9	41.8		42.3
日本	CR_3	170						100		97.8				104.0			
	指数	163								100				102.9		103.8	

第四章　产品差别化

导　读

产品差别化是决定市场结构的重要因素，同时也对企业制定营销战略有很大的启迪作用，是企业取得竞争优势的有效手段。

产品差别化是指同一产业市场内各企业提供的同类产品具有不完全替代性。这是企业在对抗性竞争中的一种非价格壁垒。替代性程度越低，越容易造成竞争的不完全性和市场垄断。可替代性减少程度的衡量，通常由需求交叉弹性来表示。

形成产品差别化的因素有两大类：一是真实的或客观的差异因素。如产品的性能和设计差异，销售地理位置差异，附带服务差异等；二是人为的或主观的差异因素。如买方的主观性差异、知识性差异、购买习惯差异、炫耀性消费差异等。

此外，广告对消费者心理和偏好有极大的影响，也是形成产品差别化最普遍、最快捷的手段。因而分析产品差别化程度又往往借助于广告费绝对额、广告密度这两个指标。

产品差别化的影响作用涉及很多方面。他不仅会影响顾客偏好，而且影响价格的形成和企业行为，导致企业间价格差别，激化非价格竞争，也会给企业间价格协调带来困难，同时，产品差别化还会使市场集中度上升，进入障碍加大，进而影响产业利润率分布等。

由各种产业的特征所决定，产品的差别化程度，在不同产业中有明显差异。日本学者植草益在贝恩研究的基础上，按如下四类产业分析了产品差别化的不同程度和原因：①初级和中间产品产业。由于其标准化、规格化标准较高，主要是工业消耗品，不易受广告影响，所以这类产业的产品差别化程度很低。②投资品产业。由于其生产工艺复杂，技术要求严，易形成物理性差别及附带服务性差别，但广告影响又不及消费品，所以总体上说产品差别化程度居中等水平。③耐用消费品产业。其结构、性能、外观、质量差别较大，加之受广告影响较大，所以除部分低价产品外，属于中高等差别程度。④非耐用消费品产业。由于其加工深度、保存期、使用频率各不相同，加之广告对顾客偏好影响较大，所以属高等差别程度，尤其价格较高的产品，差异程度更高。

第一节　产品差别化的含义

产品差别化是指同一产业市场内各企业提供的同类产品具有不完全替代性。这是企业经营上对抗竞争的一种主要手段，也是一种非价格壁垒。如果某产业市场上所有商品都是同质的，顾客对商品及价格又有完全信息，那么这个市场的商品便具有完全的替代性，称为非差别型市场；如果商品有差异，具有不同程度的不完全替代性，则称为差别型市场。比如某企业通过各种方式（质量、款式、性能、服务、广告等）使消费者偏爱某种牌号的商品，或消费者专到某商店买衣服等，都是差别化表现。于是不同企业生产的同种产品就减少了可替代性，从而带来市场竞争的不完全性和寡头或垄断。

至于可替代性减少程度的衡量，通常由需求交叉弹性（一种产品需求量变化率同另一种产品价格变化率之比）来表示。

第二节　产品差别化的形成因素

（一）形成差别化的两大类因素

一是真实的或客观的差异因素，如产品的性能和设计差异；销售地理位置差异；附带服务差异。

二是人为的或主观的差异因素，如买方的主观性差异。受广告影响等形成的偏好；买方的知识性差异；买方购买习惯差异；买方炫耀性消费的差异。

（二）广告在形成产品差别化中的特殊作用

一方面广告借助各种媒体对消费者心理和偏好的形成有极大冲击力，是形成产品差别化最广泛、最快捷的手段；另一方面由于广告资料收集较其他形成差别化因素较易获得，所以产业组织研究中又往往借助广告费绝对额和广告密度这两个指标来分析产品差别化程度。

例如，日本学者植草益在其《产业组织论》中便利用广告资料对日本 31 个行业的产品差别化进行了研究，得出了一些有益结论①：

（1）广告密度的非耐用消费品行业最高，耐用消费品行业次之，中间产品再次之；

（2）广告密度高的行业，产品差别化程度也高；

（3）产品差别化程度高的行业，市场集中度也高。

① 杨公朴等. 产业经济学教程（第二版）［M］. 上海：上海财经大学出版社，2002.

第三节　产品差别化的影响

（一）对商品价格形成的影响

在非差别型市场中，所有商品同质，具有完全的替代性，形成共同的单一价格；在差别型市场上，顾客有特殊偏好，造成某些商品需求的价格弹性较小，因此企业具有一定的价格支配能力，不同商品会形成价格差别。

（二）对市场行为的影响

企业为获得顾客偏好，企业会采取差别化政策；产品差别的形成又会激化企业的非价格竞争。此外，也会给企业间的价格协调带来困难。

（三）对市场结构的影响

总的来讲会使集中度上升。具体来讲，规模较大的上位企业会通过差别化扩大市场份额，使集中度上升；下位企业也会运用差别化策略使市场份额分散，改变产业的规模分布结构。

（四）进入障碍的影响

差别愈大，障碍愈大，愈需要在产品开发、销售上下更大功夫。

（五）对市场绩效的影响

差别化导致的价格差别使企业利润率产生差别，从而进一步影响产业的利润率分布。同时还通过影响集中度等因素间接影响价格形成和市场绩效。如图 4-1 所示。

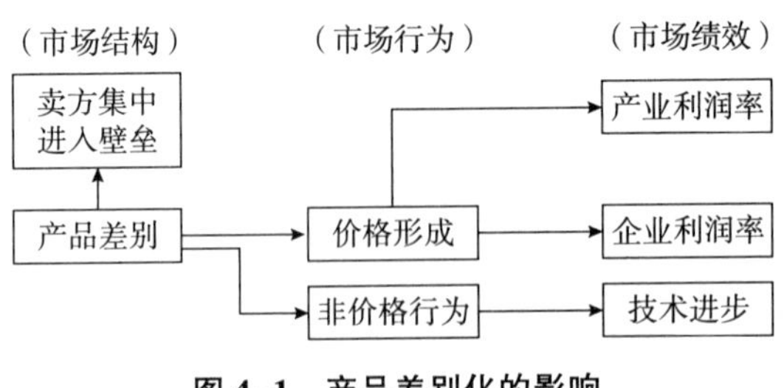

图 4-1　产品差别化的影响

第四节　产品差别化的产业差异

完全差别化的市场基本不存在，只是有的产业其产品差别化程度极不明显，可以忽略不计。不同产业产品差别化程度的高低可分为高度、中度、轻度、可以忽略等类型。

植草益在贝恩研究的基础上，将产业按如下四类分析了产品的差别化程度和原因：

（一）初级和中间产品产业

主要包括农产品、林产品及其制品、矿业原材料及其初加工品（水泥、玻璃、生铁、钢材等）这些产业的产品标准化、规格化水平较高，主要是工业消耗品，尽管品种规格繁多，但物理特性上的差异较小，需求对象较稳定，鉴别测试容易，买方主观偏好少，不易受广告影响，差别化手段主要在交货信誉、购买便利等方面，且不易形成较大价差。所以这类产业的产品差别化程度很低。

（二）投资品产业

包括金属制品、各种机械等供固定资产投资需用的产品。这类产品生产工艺复杂，技术要求严格，易形成“物理性差别”及“附带服务性差别”。但其广告形成的“顾客主观性差别”不及消费品。所以总体上说其产品差别化程度居中等水平。

（三）耐用消费品产业

包括高档服装、毛毯、家具、家电、小汽车、摩托车、自行车、照相机、手表等。其结构、性能、外观、质量差别较大，又易受广告宣传及消费习惯、心理影响。所以属于中高等差别程度（除部分低价产品外）。

（四）非耐用消费品产业

主要包括食品饮料，一般的服装、纸制品、化工制品、日用陶瓷等。这些产品的加工深度、保存期、使用频率各不相同，易形成差别，尤其价格较高的，差别程度更高。同时，广告对顾客主观偏好影响也较大，所以该类产业的产品差别化属于高等程度。

第五章　规模经济

导　读

规模经济是决定市场结构的重要因素之一。他涉及的主要问题是，是否允许或鼓励较大的企业规模，如何协调因规模过大导致的垄断与竞争的关系。

规模经济是指随着生产规模的扩大，使单位产品生产成本下降、收益上升的现象。规模经济实质上是讲规模与效率之间的关系。

规模经济的种类可以分为四个层次，即产品规模经济、工厂规模经济、企业规模经济（或多厂规模经济）、行业规模经济。

形成规模经济的原因很多，主要是专业化分工与协作、先进高效的生产技术和大型生产设备的广泛运用、标准化和简单化生产、市场交易费用和管理费用的节约、大量采购与大规模销售、大资本信用、生产要素在更大规模上的整合。

在强调规模经济时，还应注意超大规模不经济，因为规模过大容易导致企业内部组织僵化、层次多、摩擦多、管理成本高、效率低。

企业规模是指生产要素和产品产量在一个企业中的集中程度，表明企业组织资源的量和对市场的影响力。一般来讲，企业投入资源的多少决定了企业规模的大小。产出多少也可从一个侧面反映企业规模。

企业规模结构是指不同规模企业的构成和数量比例关系。它与市场结构既有联系又不尽相同。它即可反映少数大企业的比重，也可反映中小型企业的数量和比重，因而可以更好地反映大企业与中小企业的市场关系，反映某个行业中企业分布的均匀程度。

影响企业规模及其规模结构的因素，主要是：产业的生产技术特点、规模经济效应、资源投入条件、一国的工业化水平、市场供求关系等。

企业规模结构发展的总趋势是大、中、小企业相结合。一方面，最佳规模绝对量随产品结构日益复杂而不断提高，企业为增强抗风险能力向多元化发展，规模在迅速膨胀；另一方面，社会需求的多样化，个性化和自动化技术的推广，使小企业也可使用最先进设备，形成小而精、小而专的生产经营单位，因而小企业也有广阔的生存空间，中小企业数量也在增加。具体到不同产业，因其产业的特殊性，企业规模结构又有各自的特点。体现这一趋势最明显的国家是日本。该国大、中、小企业在行业结构上各有侧重，扬长避短。各得其所，结构关系较好。

大、中、小企业并存的理论依据，可以从生产集中、生产专业化、优势互补等多种理论作出解释。

第一节　规模经济的含义及种类

（一）规模经济的含义

规模经济是指随着生产规模的扩大，使单位产品成本下降，收益上升的现象。这里的规模是指随生产能力扩大而导致的生产量的增长。规模经济实质上是讲规模与效率之间的关系。当边际成本曲线位于平均成本曲线之下时，生产额外一单位产量的要素成本低于单位产量的平均成本，说明存在大规模生产的经济性。假如产量继续扩大，以致边际成本曲线位于平均成本曲线之上，则说明出现了规模不经济。

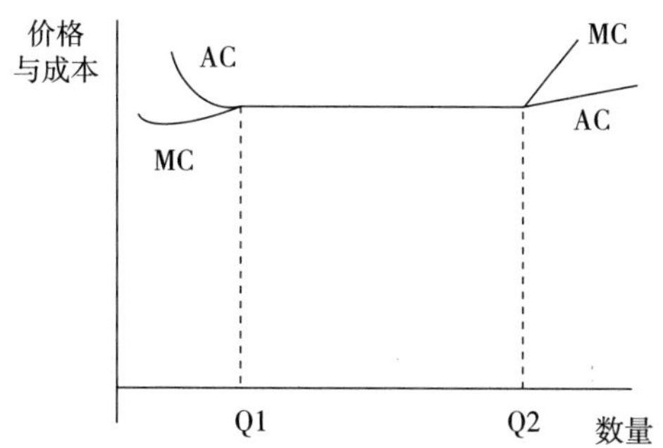

图 5-1　企业边际成本和平均成本曲线

在图 5-1 中，产量达到 Q_1之前，一直是平均成本高于边际成本，这个阶段属于规模经济阶段；当产量处于 Q1～Q2 时平均成本等于边际成本，这个产量范围属于规模收益不变阶段；当产量达到 Q_2之后，边际成本总是高于平均成本，说明处于规模不经济阶段。

（二）规模经济的种类

（1）产品规模经济。指大批量生产同一产品而有可能利用专业化（设备、技术工人）所产生的规模效益。

（2）工厂规模经济。指工厂通过生产能力的改变而扩大生产规模，导致效益递增的现象。如采用更先进的工艺，更大型、更专业化的设备，实行标准化作业，或各种生产要素配置的变化，从而大量减少单位产品的设备投资、节约能源、原材料。工厂规模经济的一个突出特点，是可以实现“多产品经济”或叫“范围经济”，他是因厂内搭配生产，主副业结合，综合利用生产要素，所能产生的“额外效益”。

（3）企业规模经济（或多厂规模经济）。是指由于企业规模扩大、经济收益不断增加的现象。扩大的途径包括，横向一体化，即建立若干生产同种产品的生产线（或工厂）；纵向一体化，即将处于不同生产工序的工厂联合在同一个经营实体中（即企业或公司）。形成企业规模经济的主要原因是，规模的扩大使企业具有经营上更大的灵活性，产品盈亏互补性、广告、商誉的共享性等。

第二节　企业规模与企业规模结构

企业规模合理与否直接决定着企业规模经济效益，企业规模结构又与产业的规模结构效率密切相关。

（一）企业规模

企业规模指生产要素和产品产量（或销量）在一个企业中的集中程度，表明企业组织资源的量和对市场的影响力，表明企业组织的大小。一般来讲，企业投入资源的多少决定了企业规模的大小，但由于在一定技术、管理条件下，产出规模与投入规模也大体相同，因此，产出多少也可从一个侧面反映企业规模。

工厂规模指一个工厂的综合生产能力，一般由年产量表示。由于企业是单厂或多厂的组织形式，所以单厂企业时，二者是一致的，多厂企业中，企业规模则是多厂规模之和。

划分企业规模的标准，一般以投入规模参数（职工人数、固定资产原值等）或产出规模参数（产量、产值、销售额、利润总额等）按大中小类型划分，但具体标准随技术进步、市场扩大、组织演进等在不断变化，总趋势是数量标准在提高。

（二）企业规模结构

企业规模结构是指不同规模企业的构成和数量比例关系。

规模结构与市场集中度既有联系又不尽相同。集中度（特别是绝对集中度）反映了大企业在某个行业的比重，他由整个规模和少数大企业规模决定。企业规模结构既可反映少数大企业的比重，也可反映中小企业的数量和比重，反映某个行业中企业分布的均匀程度，因而可以更好地反映大企业与中小企业的市场关系，以及生产协作关系。

（三）影响企业规模及其规模结构的因素

1. 产业的生产技术特点

各产业的生产技术特点直接制约着企业的规模选择。机械、电子、汽车、仪表等产业的生产技术具有组装性、可分性特点，复杂的大型产品生产可以分解为部件、零件生产，也可以容纳在一个企业内生产。这类产业的企业有较大的规模选择范围，可以选择小而专的生产组织，也可选择大规模的生产组织，而大部分化工产品，从投料开始到完成产品加工的全部工艺过程，都要在一套封闭的生产装置中进行，难以分解，所以要求具有较大规模。

即使同一产业的企业，其规模又与生产技术水平相关，高效率的大型设备，当然要求大规模，中低技术的机械化、半机械化设备，则不一定要大规模，如很多小化工企业。

2. 规模经济效应

由于各产业的生产技术特点不同，其最佳规模的绝对量也不同，服装业的最佳规模相对较小，企业规模结构以中小企业为主，而汽车生产的最佳规模则相当大，同时若从较小规模扩大至最佳规模平均成本会大幅度下降，具有明显的规模经济性。

3. 资源投入条件

企业可能获得的资金规模，是企业规模选择的前提条件。企业扩展规模的资金主要来源于投资主体、银贷和资本市场，因此这些渠道和企业自身的资信程度，必然影响着企业的规模，乃至在宏观上影响到整个企业规模结构。

此外，还有能源、原材料供应水平、技术、管理人才和熟练工人人数等资源投入条件的影响。

4. 一国的工业化水平

企业规模结构状况总体上受制于国家的工业化水平。随着工业化进展，一部分企业迅速积累资本，扩大规模；同时随科技发展，大型高效的自动化设备广泛应用，也推动企业规模的扩大。因此工业化国家中的许多产品生产都以大企业为主。同时工业化程度的提高，也为大量中小企业提供了生存空间。

5. 市场供求关系

一个企业扩大规模时，当然要分析市场需求规模和发现趋势；一个国家的企业规模结构同样受制于市场的供求关系。一般来讲，当供给满足不了需求扩展速度时，产业内企业规模结构呈中小型化，而当市场需求缓慢增长时，总生产能力大于总需求时，规模结构呈大型化。因为一方面中小企业很难进入；另一方面原有企业为扩大市场份额又往往通过联合、兼并和内部成长，扩张规模，获取规模经济性。

第三节　企业规模结构的发展趋势

（一）总趋势为大中小企业相结合

结构关系较好的国家是日本：大中小企业在行业结构上各有侧重，扬长避短、各得其所。凡设备越大型化越有利的部门，如重化工业、资本密集程度较高的行业，几乎全部由大企业经营，而在以多品种、小批量生产为特点的部门，如轻工、纺织、加工业，劳动密集和技术密集程度较高的行业，则为中小型企业的经营范围。

世界各国总趋势是大中小相结合。一方面，最佳规模绝对量随产品结构日益复杂而不断提高，企业为增强抗风险能力向多元化方向发展，规模在迅速膨胀；另一方面，社会需求的多样化、个性化和自动化技术的推广，使小企业也可采取最先进设备，形成小而精、小而专的生产经营单位，因而小企业也有广阔的生存空间，中小企业数量也在增加。

（二）大中小企业并存的理论依据

大小中企业之所以能够并存，可以从生产集中，生产社会化，优势互补等多种理论作出解释。

（1）生产集中。以往的生产集中主要表现为大企业不断增加，产值占的比重越来越大。20 世纪 80 年代以来，生产集中主要表现为企业平均规模的扩大和同类生产的集中，这种概括的含义，既包括以大企业为核心，也包括中小企业并存状况，因为这种集中更多地由专业化协作，经济联合、企业集团、企业群体等形成。

（2）生产社会化。社会化大生产有两大特点：①建立在现代科技基础上；②专业化协作水平高。

这种特点从三方面推动企业规模结构的演进：①大型化和微型化都是科技发展的结果；②现代化产品不断涌现，且质量不断提高；③新能源、新材料、新工艺被广泛采用。由此也就使生产资料的使用、劳动过程本身、产品的使用更加社会化了。社会化水平提高的本身就是企业规模结构变化的原动力。

（3）优势互补。大中小企业之间的关系，不仅有竞争、排挤的一面，也有互补的一面。大企业可以充分利用规模优势和技术优势，从事各种高级、精密、大型和尖端技术产品的生产，承担重大项目的总设计与组织总装开拓市场；中小企业则在某一专业领域，应用现代技术生产标准化、通用化的中间产品为大企业生产零部件，或适应市场的某种特殊需要，进行小批量、多品种、多花色的灵活性生产。只要分工协作合理，各类规模企业之间就会产生一种整体效应，既可抑制大企业垄断，又可防止中小企业重复生产，浪费资源。

（三）不同产业企业规模结构的特殊性

鉴于各产业的技术特点不同，其企业规模与技术经济指标的依存关系也不同，因而企业规模结构也不会一律。一般而论，重工业以大企业为主，轻工业以中小企业为多。重工业中，采掘和原材料工业以大型为主，制造业以中小企业为多。钢铁、有色、电力、石油、煤炭、汽车、飞机制造以大型为主，一般的制造部门、轻纺部门则以中小企业为多。结构状况的不同，除前述讲的一般原则外，主要取决于产业部门的特点。

（1）以中小企业为主的产业部门特点。产业结构复杂，花色品种多；产品的生产工序及零部件加工，不一定都在一个企业内进行，可以组织协作；原料分散，成品运输不便。

（2）以大型企业为主的产业部门特点。产品比较单一，或同一规模的产品需要量大；生产工序必须在一个企业内连续进行，或只有利用大企业生产才能充分利用资源和新技术。

当然同一产业的企业规模结构在不同国家和地区也不相同。这是因为各国的工业基础、技术水平、市场容量、资源条件、交通运输状况也在很大程度上影响着企业规模结构。

第六章　市场进退障碍

导　读

产品组织学对集中度、市场差别化、规模经济的分析，侧重于产业内已有的市场结构关系，反映某市场中现有企业的数量和竞争强度，而进入障碍分析，则是从新企业进入的关系考察市场关系的调整和变化，即产业内已有企业与拟进入企业间的关系，反映市场中潜在的竞争强度。退出障碍，一方面反映某市场中现实的竞争强度；另一方面也间接反映另一市场中潜在的竞争程度（因为主动退出则意味着对另一市场的进入）。

市场上的企业数目不可能固定不变，时时都有新企业进入，老企业退出，但进入并非易事，总有障碍或壁垒。能否进入取决于新进企业的动力和相应实力。所以任何降低潜在进入者动力或能力的因素都会构成进入障碍。归纳起来，有以下三类：①结构性进入障碍。这主要有：绝对成本优势障碍、规模经济障碍、必要资本量障碍、产品差别障碍。②行为性进入障碍。这主要有：阻止进入行为，如寡头串谋的统一定价策略，阻止进入的投资策略等；驱除对手行为，如掠夺性定价等。③政策性进入障碍。如特许经营制度、许可证制度、规模经济标准等。

在自由进入和不存在信息成本的条件下，不可能产生垄断。所以自由进入是帕累托最优实现的条件之一。进入障碍越大，越容易产生垄断。

进入障碍的直接效应便是限制、阻碍潜在竞争者进入，减轻现有企业压力。进入障碍的间接效应是：影响该行业供给能力的扩张速度。如果需求扩张速度不变，该行业产品价格会提高。如果该行业不存在边际成本递增问题，利润将提高；大企业的市场势力可能增加，从而易于生成垄断性市场。结果会减少社会总福利，使帕累托最优状态无法实现。

进入障碍高低的衡量，有两种基本方法：一是根据进入的阻止价格水平确定；二是根据规模经济障碍高低确定。此外，还有基数高度法和序数高度法等。由于制约各行业进入的因素错综复杂，所以对进入障碍的研究主要侧重于实证分析。

产业组织学对进入障碍关注较早，而对退出障碍的深入研究则始于20世纪80年代。退出即不再成为某种产品的供给者，从而从有关市场退出。积极地退出是因为企业发现了盈利更高的机会，主动转移到其他市场；被迫退出则是因企业业绩不佳，走投无路，或破产，或被迫转入其他市场。构成退出障碍的主要因素有：沉没成本大、职工解雇难度大、联合生产制约、政策法规限制等。

进退无障碍理论，主要代表人物是鲍莫尔。该理论认为，不必要有较多企业，只要有潜在竞争压力，即存在一个进退无障碍的市场结构，就能有好的企业行为和市场绩效。无障碍的条件，关键在沉没成本的大小。只要沉没成本不大，就存在新企业随时进入的竞争压力，就可能约束大企业行为，从而在保持规模经济的同时，又能较好地克服垄断弊病。

无障碍理论的政策意义在于：政府应尽可能通过法规，保持潜在的竞争压力以此约束大企业行为，而不必侧重于为抑制垄断而妨害规模经济。

第一节　市场进入障碍种类及影响

某种市场上的企业数目不可能固定不变，时时都会有新企业进入和老企业退出。一般来讲，新企业进入的后果往往会带来较低的价格和更好的质量，更多的花色品种，但进入并非易事，总会遇到很多障碍。能否克服这些障碍取决于新进企业的获利动机和相应实力。因此可以说，任何会降低潜在进入者动机和能力的因素都构成进入障碍。

这些障碍归纳起来，可分为如下三类：

（一）结构性进入障碍

对结构性进入障碍最早系统分析论证的是贝恩。把握这类障碍需注意两点，一是各种因素同时发挥作用，某种市场的进入障碍大小或某个企业能否顺利进入该市场，不是从某种障碍可以判定的；二是有时虽然进入障碍较高，但如果相当长时间的行业利润率或行业增长率较高，仍可诱发新企业进入。

结构性进入障碍主要有：

1. 绝对成本优势障碍

潜在进入者要比原有企业增加进入成本和运营成本，即原企业具有绝对的成本优势。可能由下述原因造成：

（1）原材料稀缺。新企业需付出更高价格或到更远地方去购买。

（2）原企业占有专利从而控制了先进的生产技术。

（3）新企业需以较高利息筹集资本。

（4）原企业已存在商标、信誉所产生的消费者偏好。

2. 规模经济障碍

绝对成本进入障碍，是从平均成本的角度看，原有企业在任何产量水平上都比潜在进入者具有优势。规模经济障碍指的是，虽然原有企业在平均成本上不占优势，但进入者只有占到行业产量的很大份额之后才能获得规模优势；换言之，进入者若达不到最低经济规模，其成本必然处于劣势，而若想早期就达到一定的规模，一般来讲是很困难的。

3. 必要资本量障碍

指进入某一市场所必需的资本投入。不同行业必要资本量差别很大，必要量越大，进入越困难。这种障碍与规模经济障碍的区别在于：前者强调筹资难易，后者强调可能获得的市场份额与降低成本之间的矛盾。有些行业形成经济规模的必要资本量并不大，有些行业规模要求并不高，但必要资本量却很大。

4. 产品差别障碍

原有企业商标、商誉已在消费者心中形成偏好，新进入者要吸引顾客必须支付巨大的促销费用，必须经长时间的努力。

（二）行为性进入障碍

指原有企业为阻止新企业进入而主动采取的策略行为。

1. 阻止进入行为

如寡头垄断行业中，几个寡头针对行业利润率较高的诱惑串谋制定统一的行业价格，把行业利润限制在对新进入者能够形成障碍的程度，而当潜在进入的可能性消失时，再将价格提高。这是“阻止进入定价策略”。另一种是“阻止进入投资策略”，即针对行业需求增长快的状况，适当地增加一些生产能力投资，经常保持一定的过剩能力。

2. 驱除对手行为

也称掠夺性定价，指原有企业为消灭竞争对手而暂时降价，忍受亏损，达到目的后再重占垄断地位。这种策略既可驱除对手，又可阻止新进入者，可谓“一箭双雕”。

（三）政策性进入障碍

指国家或地方政府通过政策、立法方式对进入某些特殊行业的限制。如特许经营、许可证，经济规模标准，企业申请资格等。

第二节　进入障碍效应与障碍高低衡量

一、进入障碍效应

（一）直接效应

在自由进入和不存在信息成本的条件下，不可能产生垄断。因为任何部门、行业利润率一旦超出平均利润率，就会吸引若干企业进入，直到超额利润等于零为止，所以自由进入是帕累托最优资源配置的实现条件。然而现实生活中这一条件无法满足：几乎任何行业都不是自由进入的，加之信息成本的存在，各行业利润率存在很大差异；同样，也不存在绝对不可进入，即不存在无限高的壁垒，不然，现实中的各部门都将是垄断的行业。可是现实中资源在行业间的转移就是在这两种极端情况之间不断再配置的过程。行业进入壁垒越高，进入越难，进入的厂商越少，从而容易产生垄断；反之则相反。显然，进入障碍的直接效应便是限制进入，阻碍潜在进入者的竞争，减轻现有企业的竞争压力。

（二）间接效应

由直接效应可以推论出间接效应：

（1）影响该行业厂商数目的增加，影响该行业供给能力的扩张速度；

（2）在第一推论成立的前提下，如果需求扩张速度不变，该行业价格会提高；

（3）如果该行业不存在边际成本递增问题，或边际成本递增速度小于价格上升速度，该行业利润将提高；

（4）该行业集中度会提高，大企业的市场势力可能增加，从而易于生成垄断性市场结构；

（5）上述效应结果倾向于减少社会总福利，使帕累托最优状态无法实现。

注意：上述效应都有一定的前提条件，他们与垄断的关系只是一种可能的因果关系，不少推论并未得出实证研究的充分证实。可以肯定的总的倾向性见解是：进入障碍不利于资源优化配置。不过，也有一些例外，特别是某些政策性壁垒不可避免，也有一定的正效应。如行业最低进入规模政策，对关乎国计民生的行业的进口保护政策。

二、进入障碍高低的衡量

主要有两种基本方法：

（一）根据进入的阻止价格水平确定

贝恩曾依据此标准划分障碍类型：

（1）高度进入障碍产业：当销售价格比平均费用（包括平均利润）高10%时。

（2）较高度进入障碍产业：当销售价格比平均费用（包括平均利润）高6%~8%时。

（3）中等高度进入障碍产业：当销售价格比平均费用（包括平均利润）高4%时。

（4）低度高度进入障碍产业：当销售价格比平均费用（包括平均利润）高2%时。

（二）根据规模经济障碍高低确定

公式为：

$$d=\frac{\text{最优规模}}{\text{市场容量}}\times 100\%$$

市场容量既定时，d 越大，说明企业最优规模越大，进入障碍也越大。

日本学者植草益利用此法测算，提出如下标准：

（1）d 为10%~25%时，该产业为高度规模经济障碍；

（2）d 为 5%～9%时，该产业为较高度规模经济障碍；

（3）d 为 5%以下时，该产业为中度（或较低）规模经济障碍。

此外，马建堂在其《结构与行为——中国产业组织研究》一书中还提出基数高度法（用行业利润率计量）和序数高度法（包括企业数目法和企业规模比重法），并对其合理性和缺陷作了具体分析。

关于进入障碍高低的若干实证研究，马建堂的《结构与行为——中国产业组织研究》一书的第 104～106 页对美国制造业行业进入壁垒情况进行研究，杨公仆的《产业经济学教程》（第二版）一书的 167 页对日本部分产业中的进入壁垒因素进行研究，可供读者参考。

第三节　退出障碍与进退无障碍理论

一、退出障碍

产业组织学对进入障碍关注较早，而对退出障碍的深入研究则是 80 年代才兴起的。进入退出都是决定行业间资源配置的重要因素。退出即企业不再作为某种产品的供给者，从而从有关行业或市场中退出来。积极的退出是指企业发现了盈利更高的机会，主动转移到其他市场；被迫退出则是指业绩不佳，走投无路，或破产，或无奈转向其他行业。但无论破产或转产，都不是较易可为的，都会遇到一定的障碍。构成退出障碍的主要因素有：

1. 沉没成本大

企业投资形成的固定资产，有其特定用途，专用性很强的很难转用，即使能转卖也难以收回其应用价值。这种不可收回的成本损失，就是沉没成本。其越大，退出障碍越大。

2. 职工解雇难度大

企业退出某行业时，需支付退职金、解雇工资，让其改行还需支付培训费用等，从社会稳定方面还有很多要求。

3. 联合生产问题

如精炼石油行业，以石油为原料，同时生产汽油、煤油、重油等多种产品，即使某种产品市场萎缩，但要单独退出也很难办到。因为是系列产品，联合生产。

4. 政策法规限制

如电力、煤气、邮电等公共产品，多国政府都有相应的补亏、优惠、援助、限价政策，同时对退出也有一定的干预。

二、进退无障碍理论

主要代表人物鲍莫尔。

1. 理论观点

该学派认为，不必要有较多的企业，但只要存在潜在的竞争压力，即存在一个进退无障碍的市场结构，就能有好的企业行为和市场绩效。无障碍的条件，关键在沉没成本的大小。只要沉没成本不大，就存在新企业随时进入的潜在压力。即使市场上只有一家或少数企业，也可能因潜在的进入压力而约束大企业行为，从而在保持规模经济的同时，又较好地克服垄断弊端，以致获得较好的资源配置效率和社会福利。由此而论，鲍莫尔认为集中度只是市场结构优劣的一个次要指标，关键要看构成进退障碍的沉没成本的状况。

无障碍理论的政策意义在于：为克服因规模经济形成的自然垄断的弊端，政府应尽可能通过法规保持潜在的竞争压力，以此约束大企业行为，而不必侧重于为抑制垄断而妨害规模经济。

完全进退无障碍可以认作完全竞争的“变形”。但不同的是前者可以同规模经济并存，后者是互相排弃（“马歇尔冲突”）。现实中，会有更多的行业接近于进退无障碍市场。因为无障碍主要指进退不存在任何经济代价这样一种市场条件（固定成本也不会完全损失），而完全竞争强调的条件则是没有任何垄断及消除规模经济（这当然是不可能的)。当然也不能机械地认为进退无障碍在现实中就是容易做到的。因为有些行业往往沉没成本较高，买卖双方的供销合同也很难达成。多数情况下很少有哪个行业能完全符合无障碍的理论条件。关键是这一理论给产业政策提供了重要的思路和原则。

2. 进退无障碍理论的局限性

从结构角度看，实证研究还不足以说明现实中有多少市场接近于无障碍的条件。已完成的实证表明，海上货运行业的进退障碍微弱，铝生产行业从长期看障碍也不高；空中客运障碍较大。有趣的是政策运用较成功的恰恰是障碍较大的行业。

从行为角度看，不同程度的障碍会给企业行为造成什么样的影响还不十分清楚。现实中完全无障碍的情况可能并不存在。

从绩效角度看，对其绩效有较多的分析，但尚缺少深入细致的实证。

第七章　市场行为

导　读

企业的市场行为，是产业组织政策的依据和反映。在传统产业组织理论中，他是连接市场结构与市场绩效的中间环节。市场行为涉及的内容非常广泛，且与微观经济学交叉重复。本章择其对竞争和垄断影响最大、最直接的若干行为问题进行分析。

市场行为是指企业根据市场供求条件，并充分考虑自身的资源及其与其他企业关系的基础上，所采取的决策及经营管理活动。

产业组织学研究市场行为的前提：一是从SCP框架出发，着眼于与市场结构和绩效有直接关系的行为；二是侧重于寡头垄断和垄断竞争条件下的行为。

市场行为研究的内容，大体可以概括为：以控制和影响价格为基本特征的价格行为；以提高市场占有率为主要内容的促销行为；以产权关系、规模变动为轴心的组织调整行为。

结合中国现阶段的市场组织状况，当前应重点研究寡占企业的价格策略，广告策略，技术引进、开发策略，联合兼并、集团化策略及跨国经营策略等。

市场行为是企业为实现一定的经营目标而做出的现实反应，其行为方式直接由目标驱动和规定，而目标的形成又是由内外因素制约的。内部因素主要是企业的产权关系，尤其是所有权与控制权的权利确定状况。外部因素指企业所在行业的市场结构和绩效状况，以及政策法律环境。具体讲：①利益及当事人之间的利益关系。企业发生行为，首先有一定的利益，即经营动机驱动。如：利润最大化、管理效用最大化、销售收入最大化、增长最大化、政治性目标等。值得注意的是，企业涉及的利益并不是单一的所有者利益，而是涉及诸多当事人组成的、彼此并不完全一致的、有层次的利益集合，因此企业行为既受各种利益制约，又由主导利益决定。②权力。对外部信息做出反应，必须有相应的权力，反馈的速度、强度也与权力大小相关。这当然取决于企业的主导权力。但在“两权分离”条件下，非所有者也在相当大的程度上影响着企业行为。③信息。利益决定企业愿为，权力决定企业能为，信息决定企业如何为。④所有制形式及产权关系。上述三大因素，尤其是利益和权力的大小、结构，又是由更深层次的因素决定的，这就是由所有制形式决定的产权关系及其结构状况。因此，研究企业行为的制约因素，更应该注重产权关系的制约作用，要分清个体、集体、公司制、合伙制、国有制等不同所有制形势下的产权关系及利益结构。⑤企业规模。企业规模决定对经理素质的要求，进而影响到企业决策方式；规模决定企业的时间视野，进而影响到经营战略目标及举措；规模体现企业技术、销售诸方面的优劣势，进而影响到不同规模企业的行为差异。一般来讲，大企业由于规模优势，控制供给和价格以及串谋的行为较明显；小企业对市场信息反应较灵敏，产品变化快，但往往只能是价格的接受者。

市场行为的主要策略包括三个方面：

（1）产品策略。主要有：①产品开发策略。该策略的宗旨在于开发和促销产品，获取较高的市场占有率，核心是实现产品差别化。它包括技术开发策略、运用专利策略、产品包装策略等。②纵向贸易限制策略。包括搭配销售、独家交易、限定市场、维持转售价格等。其实质是企业通过某种垂直的协定来限制竞争。③广告宣传和促销策略。④产品共谋（协调）策略。

（2）价格策略。主要有：①价格协调策略。如卡特尔、价格领导制、平行调整等。②排挤竞争对手策略。如限制性定价（阻止进入价格）、掠夺性定价（驱逐对手定价）、价格压榨等。③价格歧视策略。

（3）组织策略。主要有：①联合化和集团化策略。主要是组织企业联合体，企业集团或集团公司。②国际化策略。即组织各种类型的跨国公司。③兼并收购及重组策略。兼并包括纵向兼并、横向兼并、混合兼并；收购策略包括控股式、购买式、吸收式等；重组有分拆重组、整合重组、内部优化重组等。

第一节 市场行为研究的前提与内容

一、市场行为研究的前提

市场行为是指企业在根据市场供求条件并充分考虑自身资源及与其他企业关系的基础上，所采取的各种决策行为。所以涉及内容十分广泛。

产业组织学就其理论框架而言，主要研究市场结构—市场行为—市场绩效之间的关系，由此限定这里的市场行为似应侧重于与市场绩效和结构有直接关系的市场行为，而不是泛泛的市场行为——这是研究的前提之一。

前提之二，是这里所说的市场行为、是产业组织学界定的寡头垄断和垄断竞争条件下的市场行为，而非完全竞争或完全垄断条件下的市场行为，因为在完全竞争市场中，任何一个卖者都是价格的接受者，任何企业的行为都不会对他企业产生多大影响；在完全垄断市场中，垄断者独自制定市场价格，可以全然不考虑竞争者的市场行为。所以这两种市场结构都是直接与市场绩效相联系的，其市场行为是可以忽略的，而寡占条件下的市场行为却是十分复杂多样的，因为寡头之间存在着既竞争又依存；既对抗又协调的复杂关系，且寡占的程度又有极高位、高位、中位、准中位等多种状态，各状态中企业间的依存性强弱不等，协调方式也有较大差别。

二、市场行为研究的内容

1. 研究的主要内容

市场行为研究的内容十分广泛，有多种大同小异的概括：

（1）郧本[①]概括为三项：

以控制和影响价格为基本特征的价格行为；

以提高市场占有率为主要内容的促销行为；

以产权关系变动为主要特征的组织调整行为。

（2）杨本[②]概括为四项：

企业确定价格的策略；

企业的产品策略；

企业排挤竞争对手的策略；

企业组织调整策略。

（3）于本[③]概括为三项：

以控制和影响价格为基本特征的定价行为；

以研发产品差别化、促销为基本内容的非价格行为；

以产权关系、规模变动为基本特征的组织调整行为。

2. 研究的重点

结合市场行为研究的前提及特点（不易定量，重在分类研究和影响因素分析），对市场行为的研究必须做好企业分类，强化案例分析，抓

---

① 郧义钧. 产业经济学［M］. 北京：中国统计出版社，1996.

② 杨公朴等. 产业经济学教程（第二版）［M］. 上海：上海财经大学出版社，2002.

③ 于立，王询. 当代西方产业组织学［M］. 大连：东北财经大学出版社，1996.

住关键，突出重点。针对当前中国市场状况和制定组织政策的需要，可重点研究寡占和垄断竞争条件下企业的价格行为、广告行为、技术引进开发行为、兼并行为中的不正当行为、排挤竞争对手行为等，同时为适应国际市场竞争的环境，还要注重企业联合化、集团化和跨国经营问题的研究。

3. 市场行为研究与企业理论

企业理论是现代微观经济学的分支，主要内容有四个方面：

企业的性质和界限：企业与市场的边界在哪里？决定企业兼并的因素是什么？企业的定义是什么？

企业内部的等级制：内部如何有效地利用信息，激发雇员的积极性？如何设计竞争、晋升规则？如何发放奖金？

企业的资本结构：股票、债券比例如何确定？负债率的适当比例？破产的经济含义等。

企业所有权与控制权的分离：如何约束经营者？管理者行为有何特点？不同类型所有者的利益如何协调？

第二节　市场行为的基本制约因素

市场行为是企业为实现一定的经营目标而做出的现实反应。其行为方式是直接由其经营目标驱动和规定的（目标是企业行为的航标、动力源泉和行为准则），而目标的形成和实现则由内部因素和外部因素所制约。内部因素主要是企业的产权关系，尤其是所有权（委托）与控制权（代理）的权利确定状况。外部因素主要指企业所在行为的市场结构和绩效状况，以及有关的政策法律环境。本节主要讨论制约企业市场行为的最基本的一些内部因素。

1. 利益及当事人之间的利益关系

企业要发生行为，首先要有一定的利益动机（或目标），否则就无动力机制，就不会对外部市场信号做出反应。这一动机（目标）可以是盈利、规模或市场，也可能是政治性任务。一般来讲，作为一个规范的正常企业，追求的经营动机（目标）不外乎以下几种：①利润最大化；②管理者效用最大化（工资收入、公司利润、个人名声、社会地位、可随意支配的费用额、账外薪水等）；③销售收入最大化；④增长最大化；⑤长期利润最大化。

而且，企业不是一个单一的利益单体，一般都有不同的当事人组成各个层次，层次之间的利益又不尽一致，因此企业行为又只能由主导利益所决定，而主导利益又是由这些不同层次、有所矛盾的多元利益集合、定向而成的。

2. 权力

对外部信息做出反应必须有相应的权力。否则，企业即便愿为而不能。当然，企业反馈的速度、强度也与企业权力的大小相关。企业主导权力，一般来讲是所有者权力，但现代企业内部较复杂，由于所有权多元化及“两权分离”，非所有者、次所有者也在一定程度上制约着企业行为。

3. 信息

利益决定企业愿意为，权力决定能够为，信息决定如何为，即指示行为的方向、方式。企业反映的速度，行为的正误取决于信息的全面性、准确性、及时性。

4. 所有制形式及产权关系

市场行为直接受制于上述三大因素，而三因素的内容、强度，尤其是利益与权力的大小、结构又是由更深层次的因素决定的，这就是产权关系及其结构状况。

产权关系表明一定形式所有制企业内部所有者、经营者、劳动者之间相互的利益和权利关系。任何企业都由此三者组成，只是三者的合一程度不同。个体生产是三者高度合一，现代股份公司是彻底分离，还有若干中间形式。不同的结合形式决定着各类企业具有差异的主导利益和主导权力，进而决定着企业行为的不同类型。其制约关系为：

所有制形式→产权关系→利益权力结构→企业行为

从所有制形式和产权关系的演进历史，可以大致归纳出对企业行为特点的制约和影响（见表 7-1）。

表 7-1　所有制和产权关系对企业行为的影响

所有制形式	产权关系	市场行为特点
个体所有制	所有者、经营者、劳动者三元合一	经营目标：盈利增加、资产增值、行为目标一致
古典私有制	所有者与经营者合一，所有者与劳动者对立	目标：利润最大化，利润目标与工资目标冲突
股份公司制	三者分离	利润增加，规模扩大，经理目标开始影响企业行为
传统国有制	所有者与经营者合一，具有生产资料使用权	服从国家计划目标，行为被动
集体所有制	劳动者与所有者不完全统一，劳动者与经营者利益一致	收入最大化，倾向于减少就业，重消费，轻积累

资料来源：马建堂. 组织与行为——中国产业组织研究［M］. 北京：中国人民大学出版社，1993.

表 7-1 不能完全表现出所有制形式演进的历史顺序，更非逻辑顺序。不过从前三者的演进过程及后两者的改革趋向可以看出，产权关系变化的必然性。个体所有制企业内部利益的协调性和行为目标的一致性的特点，是其“才得到充分发展，才显示出它的全部力量，才获得适当的典型的形式”① 的根本原因。

① 马克思. 资本论（第一卷）［M］. 中共中央马克思恩格斯列宁斯大林著作编译局. 北京：人民出版社，2004.

但由于它是一宗一户狭小的生产规模和生产资料的极度分散为前提，因而“它排斥生产资料的积聚，也排斥协作，排斥同一生产过程内部的分工，排斥社会对自然的统治和支配，排弃社会生产力的自由发展”。[①] 主要表现是排斥劳动力流入，排斥资金流入，高度封闭，因为他的主要特征是“三元主体合一”。

代替个体的古典私有制，由“三合一”向二元对立结构转变，协调的利益结构转化为对抗的利益结构，但主导利益仍是资产利益（因为经营者、所有者二合一），目标仍是利润增加和资产增值，只是开始受到雇员增加工资目标的牵制。

经营者与所有者高度合一的古典私有制形式的主要优点打破了个体经济的封闭性，一极是生产资料占有者，且有无限增值的欲望，一极是占有劳动力的劳动者，可源源不断地补充进来，此外由于所有者、经营者二合一，管理成本低，效率高。但随生产力发展，这种单一所有者产权结构无法适应社会化大生产的要求：一是资金筹集的社会化难以做到；二是管理的专门化、科学化难以做到；三是经营风险难以分散。

代之而起的是股东、经理、工人三元利益构成的股份公司制（混合所有制）。三者利益彻底分离，又互相制约，形成两个特点：①所有者多元化。②经理层专业化，较好解决了上述矛盾。但同时也出现了新问题，即企业目标很大程度上向“经理主导型”偏移，经理对企业行为影响很大。加尔布雷思等（制度学派）还认为经理主导型丧失了对资本增值的追求，外在竞争压力也迫使经理把盈利作为基本目标。当然也并非完全如此，从理论模式上讲，还有经营者受垄断大股东支配的“大股东主导型”，和受分散股东支配的“分散股东主导型”。实际存在的应该说基本上还是大股东主导型及其种种变态形式。对大多数股份公司来说，利润无论作为增长手段还是分红基础，都是股东和经理追求的目

① 马克思. 资本论（第一卷）[M]. 中共中央马克思恩格斯列宁斯大林著作编译局. 北京：人民出版社，2004.

标；无论服从于所有者的压力，还是从竞争环境出发，由经理管理的企业行为仍然会是追求利润增长和资产扩大。

社会主义的国有制产权结构，理论上讲国家代表全民占有生产资料，劳动者也是所有者，国家委派的管理者也是劳动者及所有者，从而形成协调的三统一利益结构。但事实上，劳动者既是所有者，又非所有者，即作为总体是所有者，作为个人又不是所有者，抽象所有，具体虚置。这一矛盾决定劳动者的产权难以实现，只能间接地通过国家实现，从而作为所有者的情感必然淡化。于是国家所有制内部形成这样的组织结构：国家是所有者，各级行政机关及其派出代表是经营者，职工是具有生产资料使用权的劳动者，而所有者与经营者又是高度合一（政企不分）。这种产权结构使企业没有或基本没有独立利益，不具备独立经营的权力，信息来源完全靠国家下达的计划，便是种种偏离企业特性的国企行为产生的内因。

集体所有制的产权结构有两个分类：

第一类农村集体所有制，是一种地缘所有制，重要特点之一是非劳动人口也是生产资料所有者，流出人口自然失去所有权；特点之二是劳动者与所有者不明确的统一，每个人既是所有者，又都不是所有者（类似国有制）；特点之三是管理者与劳动者的统一，但又不是一个固定阶层。这些特点决定了企业行为的封闭性，分配上的平均性、短期性。

城镇集体所有制企业的产权结构特征也基本上与农村类似，只是地缘性较弱一些，排除了非劳动者的所有权。

第二类是前南斯拉夫的集团所有制形式。他的特点是劳动者所有权不确定，（工人离开意味着所有权丧失，由公共占有带来的所有权份额模糊）和工人自治，劳动者利益占主导地位，从而形成企业目标便是职工收入最大化，消费倾向膨胀，排弃劳动力增加，积累不足。

5. 企业规模

企业规模大小会对企业行为产生多方面的间接和直接影响。规模决定对经理素质的要求，并间接影响其决策方式；规模决定企业的时间视野，并进而影响企业的经营战略；规模体现企业生产、技术、销售、服务诸方面的优劣势，进而决定不同规模企业的行为差异。

（1）企业规模与企业经理素质和决策方式。规模不同，对经理素质和能力要求也不同。初级的、小型的企业中，经理技术能力占重要地位；随规模扩大，对经理综合管理能力的要求增强、对大企业领导人要求，则主要是管理统率能力，战略决策水平。国外学者的一项调查比较，大体能说明这种看法（见表 7-2）。

表 7-2　各种规模工业企业领导人能力的相对重要性比较

单位：%

领导人类别	能　　力						
	管理	技术	商业	财务	安全	会计	总值
初级企业	15	40	20	10	5	10	100
小型企业	25	30	15	10	10	10	100
中型企业	30	25	15	10	10	10	100
大型企业	40	15	15	10	10	10	100
特大型企业	50	10	10	10	10	10	100

资料来源：［法］法约尔. 工业管理与一般管理［M］. 北京：中国社会科学出版社，1982.

规模对经理决策方式的影响：小企业可以由个人决策，大企业则必须集思广益，靠“专家组合”，科学决策。

（2）企业规模与经营战略。任何经营决策，特别是投资决策都涉及一定的时间长度，企业的时间视野越长，其长期投资重大项目投资、风险投资的可能性越大，经营战略规划管理的时间范围越长远，目标越宏伟，越着眼于更长期更根本的利益，更倾向于实施带有重大影响的战略性举措。相反，小企业因如同大海中的一叶小舟，无法驾驭捉摸不定的市场，时刻有倾覆之险，因此一般来讲时间视野较短，投资选择上往往倾向于“短平快”项目，经营上更难免短期化行业。

(3) 企业规模与生产技术优劣势。企业规模大小决定着生产、技术的优劣势。一般来讲，规模越大，生产集中，批量大，具有成本优势，同时因资金雄厚，技术设备先进，人才聚集，又具有科技研发优势，在生产技术组织上还具有专业化协作和联合化、集团化方面的协同效应或整合效益。这就决定了大企业在市场行为具有以下特点：

1）大企业凭借其市场优势和垄断地位能够控制供给（见表7-3）。

表7-3 1985年中国大中型企业产值占同行业全国总产值比重

单位：%

行业	比重	行业	比重
石油行业	97.4	交通运输设备	61.8
电力工业	87.8	化学工业	53.8
煤炭、炼焦行业	59.9	纺织工业	42.5
钢铁工业	78.5	铝行业制造业	66.6
有色金属工业	73.1	制糖业	91.5
机械工业	52.4	钟表制造业	76.6

资料来源：国务院全国工业普查领导小组办公室．我国大中型工业企业基本情况［J］．工业经济管理丛刊，1987（7）．

2）大企业能够控制价格。主要手段是：控制供给、影响需求、成本转嫁、产品加价等。

3）大企业对价格变动的反应程度较弱。小企业规模小，生产分散，产品单一，但也有它的长处：投资少、周期短、见效快；易于采用新工艺、向专业化方向发展；机动灵活、易转产、调整、应变能力强；易于小批量、多品种生产，适应市场快；有独特技术的专业化生产小企业，其生产成本低，投入产出率高。劣势是资金少、技术弱等。这就决定了小企业的市场行为必然具有不同于大企业的另一些特点：①一般不能构成左右供求态势的市场力量。②只是市场价格的接受者。③对价格、供求等市场信号的反应最灵敏。

第三节　市场行为的主要策略

企业从事市场活动以及服务于市场活动的一切行为都可称作市场行为，如产品开发与促销行为、价格行为、组织调整行为等。这在第一节已作大体交代。本节需要进一步探讨的是各种市场行为特别是涉及竞争对手的市场行为的主要策略是什么，以及这些策略对市场结构和绩效有什么影响。

1. 产品策略

产品策略的宗旨是如何开发和促销产品，获取较高的市场占有率和利润率。核心是如何实现产品差别化。产品策略复杂多样，大体可归纳为三个方面：

（1）产品开发策略，包括：①技术研发策略：根据市场需求，通过技术研发不断推出新产品，或提高原产品质量，降低成本；②确定产品变换程度策略：有创新型变换和改良型变换；③运用专利制度策略；④广告宣传和促销活动策略。

（2）纵向贸易限制策略。纵向贸易限制策略包括搭配销售、独家交易、限定市场、维持转售价格等。实质是通过某种垂直的协定来限制竞争。由于这类策略限制竞争对手的针对性很强，一般会极大地影响竞争的正常作用，导致垄断和不正当竞争。所以这应是研究产品策略的重点。

搭配销售：搭配销售指卖方在出售产品时强迫买方同时购买其他产品的协议安排，属不正当行为。其动机和效果一般是：借鸡生蛋（借 A 产品去垄断 B 产品市场）、价格歧视、质量控制（没有配件）、效率权益（节省运费、结算等）、逃避价格管制（通过对 B 收高价而维持 A 的管制价格）、欺骗卡特尔成员（暗中低价出售其中一种产品）、制造进入障碍（竞争在觉得难以进入其中任一产品市场）。

独家交易：独家交易指限定只从一家卖主购买某产品的购买协议。具体形式一是专买合同，这类合同对市场竞争极为不利。如果合同涉及数额较大，其他供给商就很难参与竞争；二是特许协议，美国近 40%的零售业采取特许经营，快餐、酒店、车租业更普遍。特许方式具有规模经济效应，对商标所有者来说也是一种有别于纵向一体化的另一种选择，但对其他独立供应商而言，也会带来不公平竞争。如果协议划定各自的经营区域，特许协议就有可能影响“商标内”的竞争。

限定销售区域：企业要求其产品的经销商只能在指定的区域内销售。弊端是削弱“商标内”竞争，但可以增强“商标间”竞争。

维持转售价格：企业串谋的目标是横向固定价格。维持转售价格是一种纵向固定价格。实行这种策略时，供应商要求转售者收取指定的价格，否则将终止进货或受其他惩罚。化妆品、药品、酒类、小型电器制造商一般广泛采用这种策略。其好处是：①便于串谋，以便加强横向固定价格的效果，也便于检查背叛者；②便于树立企业产品质量、服务水平高的形象。

（3）产品共谋（协调）策略。企业产品策略的实施，导致寡占产业产品整体质量和性能提高，但竞争的结果也使该产业总成本上升，从而对所有企业不利。因此，正如价格竞争导致卡特尔、价格领导制、暗中配合等串谋行为一样，产品竞争最终也会导致寡头企业间对产品策略的共谋（协调）行为。

产品共谋不需要明确的协定或合同，但却具有协定的同样效果。共谋行为使产品交换并不一定朝有利于产品质量、性能提高的方向发展，既包含促进技术进步的成分，也包含浪费资源、忽视需求的成分。如汽车行业，通常是由寡头企业作为车型变换的领导者，把自己设计的车型当作市场流行强加给消费者，其他企业为免两败俱伤，也追随开发款式相近的车型。

与价格协调行为相比，产品策略的协调程度较低，单个企业独立行动的可能性较大。因为产品变换及其制造方法常常受专利制度制约，跟随并非易事。

此外，还有相互购入等排他性交易协定。

2. 价格策略

寡占是介乎独占和完全竞争之间的市场状态，其价格形成有独自特点。寡占市场上，少数企业占有较大份额，对市场价格有一定的影响力，一个企业的价格行为会影响其他企业的产量和利润。因此在决定价格时必须考虑他企业可能做出的反应。也即是说寡占市场上大企业间有着“互相依存关系”，需要协调价格行为，以避免价格战，共同谋求利润最大化。

寡占价格理论旨在说明寡占价格是怎么形成的，受哪些因素影响，大企业间的协调行为由哪些条件制约等。这一理论从库诺（法国）开始，有很多理论模型，这里只能简要概括介绍一下这一理论的分析框架：

影响和决定寡占价格的因素，主要是全部企业的边际成本、需求价格弹性、市场占有率（集中度）、其他企业的反应程度（推测变动系数）。

影响寡占企业之间价格协调行动的因素主要有：企业数目（少较易），市场份额（相等较易），费用水平（相同较易），新技术引进、开发机会（机会少，协调易）。

寡占企业定价的目标或着眼点多种多样，大体不外乎以下几种：利润最大化、销售额最大化（经营者一般更关心增长率）、阻止新企业进入等。

（1）价格协调策略。以上针对的主要指企业单独采取的价格行为。在寡占市场上，还有很多因素促使企业间的共谋和协调。这方面的价格策略主要有卡特尔和价格领导制。此外还有有意识的平行调整。

卡特尔：指企业间通过正式或非正式协议来限制竞争的行为，也称共谋或串谋。

参加卡特尔的，一般是有竞争关系的企业。协议方式有公开的和隐藏的、正式的和非正式的，协议内容包括价格、供给量、销售条件等有关对竞争的限制。违约则受惩罚，各企业仍保持独立性。

卡特尔的动机是获取垄断利润，但单个成员总是有企图暗中违约、削价倾向，若无强有力手段很难维持。其成功的必要条件是：

1）必须控制住大部分现有产量和潜在产量，不存在来自卡特尔外部的有效竞争。

2）有效的代替品必须是有限的。

3）对卡特尔产品的需求相对稳定。

4）卡特尔内企业必须愿意和拥有足够数量的产品来影响市场。

因卡特尔限制产量、提高价格、破坏竞争机制，发达国家除有特殊目的，一般视作违反公平交易原则和反垄断原则。

价格领导制：未经政府批准的卡特尔是违法的。因而寡头企业又试图暗中串谋，施行价格领导制，即由产业中最大一家企业制定和变动价格，其他企业或多或少地跟随。由于带头企业的地位不同，价格领导制通常分为支配型和指针型两种。

有意识地平行调整：即追随者不是把价格定在领导企业的相同价格水平上，而是按照一定的价差平行地追随调整。这种现象多见于高度寡占，产品差别化程度高，并客观存在价差的产业中。这也是一种暗中配合的价格协调策略。

（2）排挤竞争对手策略。限制性定价（阻止进入价格）：指寡头企业选择一个既能带来部分垄断利润又不足以吸引新企业进入的价格，甚至牺牲部分短期利润而谋求长期利润最大化。

掠夺性定价（驱除对手定价）：为挤垮较小企业、驱除对手，大幅降价，甚至降到成本以下，以便最终垄断市场，提高价格。其特征是暂时性定价，缩小供给，短期内一般仍有微利；发起者有能力承担局部损失。目的是驱除对手、教训不合作伙伴、警告拟进入者。

价格压榨：当产品的某一生产流通环节被某个大企业控制时，他处优势地位，便可控制价格，打击竞争对手。如控制原材料的企业可以高价出售给其他企业，使其提高生产成本，处于对该企业的依附地位。

(3) 价格歧视策略。大企业或跨国公司往往如此：即对同样商品或服务收取不同的价格。广义歧视还包括产品差别小而价差大的情况。

歧视策略实施的条件：卖方有一定的市场支配力；买方具有不同的需求价格弹性；能对不同的买者进行分离，不然低价买者会向高价买者转售。

歧视的效应较复杂，涉及公平、效率等问题。

3. 组织策略

企业市场行为中的组织行为是指企业为适应市场和竞争局势而采取的组织结构形式及其改组调整举措。在现代化市场经济中，其组织行为的主要策略突出表现为：与企业联合化集团化趋势相适应的联合化和集团化策略，与企业跨国经营相适应的国际化策略，与企业兼并浪潮相适应的兼并策略。

(1) 联合化和集团化策略。企业联合化和集团化既是一种经济趋势，也是企业的组织行为和组织形式。

从趋势讲，他是社会化大生产的必然产物，也是市场竞争和追求规模经济效益的必由之路。他的合理性方面很多，可以促使生产要素重组，企业组织结构合理化，改善产业结构和布局，内化许多市场交易，降低外部成本等，但也容易导致垄断，强化市场集中，抑制市场正常竞争。

就其策略行为而言，联合化和集团化的基本含义，是指相互间具有内在技术经济联系或共同利益的多个企业，在自然基础上通过协议组成不同结合方式的各种联合体的组织调整过程。其具体结合形式或组织策略有：

企业联合体：按照自愿互利原则实行专业协作所形成的有机的企业群体。目前出现的主要形式如：以名牌产品为龙头，骨干企业为核心，围绕产品及软硬件综合开发形成的半紧密型企业联合体；以联合开发新技术为主的生产科研企业联合体；以开拓国际市场为共同目标的工贸技合一，组织松散型联营的企业群体；联合开发资源，以最终产品为纽带、投工贸相结合的企业联合体；以经营成套设备、承包工程服务为主的提供“一条龙服务”的企业群体。

企业集团：集团是企业联合体的高级形态。他以一个或若干个大公司或企业为核心，通过协作、联合、兼并等方式，把具有经济技术联系的各个独立法人单位，以资产联合和契约合同为纽带而建立起来的大规模、多种形式和层次结构的企业法人联合的组织形态。具有群体性、层次性、整体性、实体性四大特征。它在固定资产的集约程度、一体化的深度、纽带的牢固性、成员间的紧密性等方面都有别于一般的企业联合体。如图 7-1 所示。

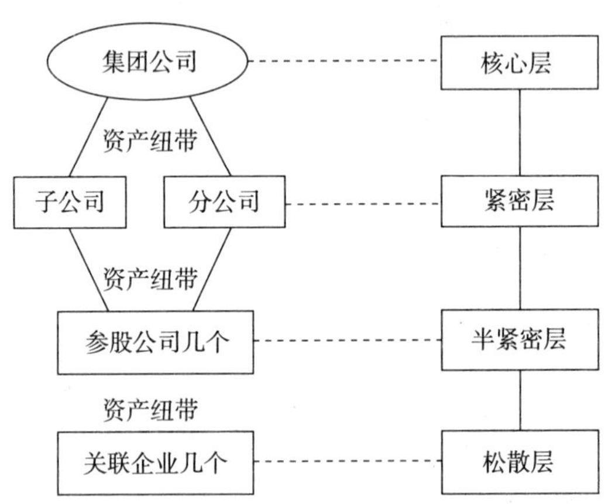

图 7-1　企业集团组织结构

集团公司：企业集团不是一个独立的法人概念，而是一个企业群体。该群体是靠核心层企业对集团公司的控制、持股为纽带，以强大的实力为后盾而凝聚起来的。集团中的集团公司则是一个法人，他有独立的资产，经过企业法人登记，有一套严密的组织结构。如图 7-2 所示。

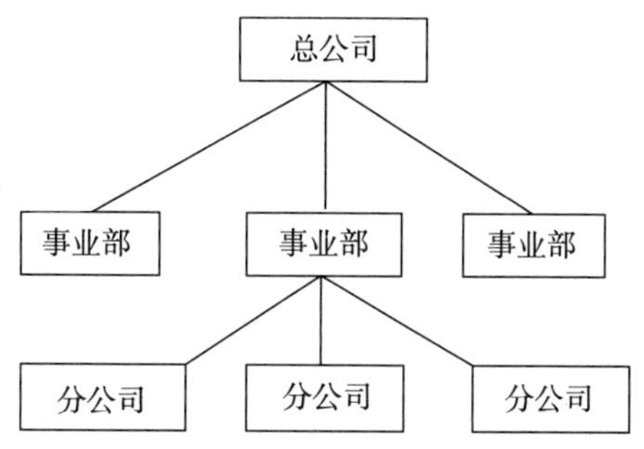

图 7-2　集团公司组织结构

注：事业部可以实行单独核算，但没有法人地位。

（2）国际化策略。企业生产经营活动的国际化，特别是投资的国际趋向，使越来越多的大企业发展为多国籍企业或全球性企业，即跨国公司。

跨国公司的含义是，除了在母国的生产经营外，还通过对外直接投资，在多个国家设立子公司和分支机构，从事跨国生产经营活动。其主要特征表现在以下几方面：

1）大规模的国际垄断企业，以雄厚的资金实力和庞大的组织系统作基础，追求大规模生产的经济性；

2）推行全球经营战略，在全球范围内寻求优势资源和实现最佳要素组合是其高级发展阶段的战略思想和行为准则；

3）大多实行了高度集权的管理体制，强调子公司合理布局和分工合作，保证母公司的整体利益；

4）跨国公司组织形式有：设立国际业务部形式、全球性产品组织形式、全球区域组织形式、全球职能组织形式、混合型组织形式、矩阵型组织形式等。

跨国公司对东道国经济和市场结构的影响：

1）增加了东道国经济建设的投资总量，分散了投资风险，但又与当地企业争夺有利的投资机会和发展空间，挤占市场；

2）往往投入一整套关键性生产要素，有助于改善东道国的技术结构，但也造成东道国对跨国公司的技术依赖；

3）由于当地生产、销售，有助于推动东道国进口替代，节约外汇支出，但也与东道国企业争夺人才，使当地企业处于不利地位。

跨国公司对母国经济和市场结构的影响：

1）由于对外直接投资方式，可绕过东道国的贸易保护障碍，有助于增强母国经济国际化和渗透力，但也容易减少母国制造产品的出口，降低贸易外汇收入，使进出口出现逆差；

2）向海外发展，可缓和国内投资等的竞争，但如果政府不适当地扶持跨国公司大规模兼并，会导致垄断势力增长；

3）因母国技术向外梯度转移，可延长本国技术应用周期和产品寿命周期，促进技术升级，但若大规模转移生产资本，也会造成母国产业的空洞化。

跨国公司对国际经济的影响：

1）可以加快国际经济一体化进程；

2）改善和补充传统的国际分工体系，促进国际技术进步和交流；

3）导致少数垄断的世界市场结构的形成。

经过几十年的发展，目前世界上一些最大的跨国公司已经变成了工业—贸易—金融一体化的综合体，其金、技、贸实力已对世界市场具有很强的干预能力，科技所产生的任何一个新部门、新工艺立刻会被其所垄断，重要资源和有潜力的市场也基本被其所控制，合并、兼并、争夺国际资源和国际市场，互相分割市场及协议价格、产量已成少数跨国公司的突出市场行为和重要战略。这些必然导致国际市场集中度的不断提高。

（3）兼并收购及重组策略。如果将企业的联合化、集团化、国际化看作目的，兼并、收购、重组等策略行为则是手段或途径。资本运营理论将后三者看作资本运营或扩张的核心；从企业行为角度看，此三者也应是企业组织策略中的根本策略，也是对市场结构和绩效影响最大的市场行为。

1）兼并的含义与特征。企业兼并是指在市场竞争机制作用下，被兼并企业将其产权有让渡给兼并企业，兼并企业实现资产一体化，同时取消被兼并企业法人资格的一种企业行为。其基本特征是：

①兼并属于商品经济中的产权转让机制，是与商品经济相联系的范畴，计划经济中行政性的关停并转不能与兼并相混。

②兼并行为的主体是财产独立或相对独立的企业法人，双方具有平等的法律地位。

③以产权有偿转让为基本标志，但有些有偿转让（如租赁）不是兼并行为。

④是市场竞争中优吃劣的行为，兼并的根本点在于有助于优势企业迅速集中资产，达到最佳规模。

2）收购的含义与途径。企业收购指在现成企业制度下，一家企业通过收买另一家企业部分或全部股份，从而取得另一家企业控制权的产权交易行为。广义的兼并行为也应包括收购，只不过这里讲的收购专指对企业股份或证券的收购，是以企业股份化或证券化为前提的。具体途径有三种：

①控股式：即收购者购买目标公司一定股份，成为最大股东，掌握控制权；也可通过增资投入，取得控制权。

②购买式：即收购者购买目标公司全部股份，使之成为附属的子公司。

③吸收式：即收购者将目标公司的净资产或股份作为股金吸收进收购公司，使之成为收购公司的一个股东。

3）重组的含义与重组方式。重组与联合化、集团化、兼并、收购等行为密不可分，可以说企业的后三种行为无不有重组行为贯穿其中。

企业重组是指对企业的生产要素进行分拆、整合及优化过程。广义的重组包括业务重组、资产重组、债务重组、股权重组、职员重组、制度重组等；狭义的重组主要指资产重组。

重组的具体方式可分为：

分拆重组：即采取一定的形式剥离非上市的部分资产。分拆的对象，可以是原有企业的子公司、事业部，也可以是某个非独立的部分。

整合重组：指在原有实体基础上吸收某些实体后进行以发挥整体优势为原则的重组。

内部优化重组：指在某实体内部按照高效运转原则打破原有结构重新优化组合。

4）兼并、收购、重组行为的积极意义及负面影响。

①积极意义：兼并、收购行为自 19 世纪末至今，在以美国为主的市场经济国家已经历了四次浪潮，最近一次从 20 世纪 70 年代开始，到 1995 年以来愈演愈烈，大有再次推向高潮之势。这说明兼并、收购不仅有其必然性，且有巨大的积极意义：

a. 有利于企业资产扩张，迅速成长。

b. 有利于调整企业结构和产业结构。

c. 有利于获得规模经济和范围经济，提高资产利用效率。

d. 有利于企业多角化经营，分散经营风险。

e. 有利于推进技术进步。

②负面影响：主要负面影响是容易形成垄断性市场，抑制竞争，以及若对被兼并、收购企业职工安置不当造成社会不安定等。

第八章 市场绩效

导 读

市场绩效是产业组织学的三大主题之一。如果说市场结构与行为反映的是市场经济运行的基础和过程，那么，绩效反映的则是市场经济运行的结果；或者说结果和行为反映经济运行的环境和方式，而绩效反映的则是经济运行的成就。产业组织学对绩效的研究一般侧重于两个基本方面：一是对绩效的描述和评价；二是研究绩效与结构、行为之间的关系，从中找出影响绩效的因素，从而对导致某种绩效的原因作出解释。

如果说结构、行为反映市场经济运行的环境和方式，而绩效反映的则是运行的成就。产业组织学对绩效的研究一般侧重于两个基本方面：一是对绩效的描述和评价；二是研究绩效与结构、行为之间的关系，从而对导致某种绩效的原因作出解释。

市场绩效指在一定市场结构下，由一定的市场行为所形成的价格、产量、成本、利润、质量及技术进步等方面的最终经济成果。实质是市场运行效率，是实现某种经济目的的程度。因此，对绩效的评价必然涉及价值判断问题。

市场活动主体的多元性，决定评价标准的差异性和多层次性。但从产业组织学为政府提供决策依据的角度，评价的基准主要应建立在产业和国民经济宏观层次上。由此要求必须突出下述目标：①效率目标：主要指资源配置效率。②平等目标：包括机会均等和结果均等，尤其要突出机会均等。③稳定目标：包括个人收入、生活条件、经营、通货、就业的稳定。④进步目标：包括技术进步、文化发展、制度变迁等。以上目标有时一致，有时冲抵，不同时期需要突出不同重点。但任何情况下，产业组织理论总是把效率目标放在首位。因为它对社会福利的增长具有决定性意义。

资源配置效率是同时从消费者的效用满足程度和生产者的生产效率大小来考察的资源利用状态。他是市场运行效果的综合反映。实际应用中常将平均利润率看作资源优化配置的重要标志。因为在市场机制作用下，二者有十分密切的内在联系。但也要注重分析利润率偏离正常利润的一些特殊原因。

资源的最优配置，理论上讲只有在完全竞争条件下才能形成，而垄断则是对其影响最大的问题。由此要求认真探讨垄断对效率的影响机制和程度，同时还要看到它的规模经济性，从而得出正确的利弊判断。

规模结构效率是从产业内规模经济实现程度来看的资源配置效率。由于规模经济性的存在，资源在产业内不同规模企业间的分配状况必然影响着资源利用效率。

规模经济效益的实现程度，通常用达到或接近经济规模企业的产量占整个产业产量的比例来表示。但要注意不同产业的技术经济特点对最小有效企业规模要求的差异。相对于市场容量而言，如果某产业内企业的最小有效规模很小，则可容纳较多的达到规模经济标准的企业，从而既能利用竞争又能利用规模经济，有利于优化资源配置。反之则不然。但参考发达国家的产业规模结构特点，还应防止经济规模的过度集中。这不仅从组织外部降低资源配置效率，而且对组织内部也容易导致X非效率。

广义的技术进步包括除资本和劳动投入以外的所有促进经济增长的因素。产业组织学把握的是狭义技术进步，主要包括技术发明、创新和扩散三个阶段。这里主要研究的是技术进步的一般规律及其与市场结构、绩效之间的关系。

技术进步之所以能作为市场绩效的重要指标，因为他的主要结果是提高生产效率和消费质量，同时也能促使劳动需求结构、产业结构升级，改变国际贸易格局。

企业规模、市场结构与技术进步的关系，有的认为只有大垄断企业才能加快技术进步；有的则认为，只有竞争性市场结构才有利于技术进步。两种观点各执一词，各有道理，难以一概而论。

专利制度与技术进步至关重要。表面看是一种合法垄断，与反垄断政策相悖。实质上也有一致的一面。因为专利制度允许的是短期垄断，有一定时限。更重要的是它有利于鼓励发明创新，提高生产效率，也有利于社会从专利提供的更多更好产品和工艺中获益。因此对专利的态度只能是权衡利弊，划清合理使用和滥用的界限。

第一节　市场绩效的含义与评价目标

一、市场绩效的含义

市场绩效指在一定市场结构下，由一定的市场行为所形成的价格、产量、成本、利润、产品质量、品种及技术进步等方面的最终经济成果。他反映的实质是市场运行效率，是实现某种经济活动目标的程度。

由于社会经济活动主体的多元性，而不同主体又有各自不同的“价值判断”，因而评价市场绩效并不是简单的问题。他首先涉及以谁的目标为评价基准？再涉及评价目标的选择，还涉及评价方法、因素量化、数据取舍等。

二、评价绩效的主体

社会经济活动主体的多元性，决定整个经济体系可以按主体的不同分作四个层次：即个人、企业、产业以及一个国家内的整个国民经济（当然各国经济总和还可构成第五个层次——世界经济体系）。各层次主体的目标具有一定的一致性，但也存在矛盾和冲突。同一层次中不同主体的目标往往也不相同，不同主体可能对同一经济行为作出完全相反的评价。如消费者和生产者，股东和管理者，由于追求的目标不同，评价标准的选择也不同，对同一市场行为及其效果的看法也各异。

鉴于产业组织学的一项重要任务是为政府制定政策提供依据，从此角度说，他对市场绩效的评价，应主要从产业（或行业）和国民经济宏观层次上的活动主体的目标为基准。

三、市场绩效的评价目标（标准）

每个活动主体追求的目标也是多元的。既有长期目标，也有短期目标；既有综合性目标，也有单一性目标。这就有一个目标的选择问题。一般而言，产业组织学通常是把效率和社会福利作为总目标，同时考虑相关的若干主要目标。主要是：

效率目标：主要指资源配置效率，通常来讲是指企业外部效率，以别于企业内部效率（X 效率）。

平等目标：包括机会均等与结果均等，二者常常不一致。机会均等与效率目标比较一致，过分追求结果均等则可能损害效率。

稳定目标：包括个人收入、生活条件稳定、企业顺利生存、正常经营，社会经济稳定、就业充分，货币、价格稳定等。

进步目标：包括技术进步、经济结构升级转换、体制制度变迁、文化发展等。

上述目标，有些情况下较一致，有时则互相冲突，“鱼和熊掌”不可兼得。因此绩效评价必须对这些目标进行权衡，确定在什么情况下突出哪些目标，略舍哪些目标。任何情况下，产业组织学总把效率目标放在突出地位，因为它对社会福利具有决定性作用。下面各节逐次讨论几个重要目标。

第二节　资源配置效率

一、资源配置效率的含义及评价标准

资源配置效率是同时从消费者的效用满足程度和生产者的生产效率大小来考察资源的利用状态。内容包括：①有限的消费品在消费者之间分配以使消费者获得的效用满足程度；②有限的生产资源在生产者之间分配以使生产者获得的产出大小程度；③同时考虑这两个方面。

资源配置效率是评价市场绩效优劣的最重要标准。因为他是市场运行效果的综合反映。实际应用中常常将平均利润率看作资源优化配置的重要标志。这是因为，资源的优化配置是在完全竞争状态下通过市场机制的正常作用形成的。这时在所有的经济活动中社会边际成本与社会边际收入相等，国民收入最大。如果某个产业利润率过低，资源就会向利润率高的产业流动，导致高利润产业产量增加，价格下降，同时低利润产业的产量减少，价格上升，最终使各产业的利润平均化，各个产业的最后一个单位劳动所增加的国民生产总值相同，从而达到一种任何资源的流动和再分配都不可能使国民生产总值再增加的均衡状态。

但也应注意，现实中利润率常常偏离正常利润率。原因是：①由于不可预期的需求和成本变化形成的“预想外利润”；②开发和引进技术成功而获得的“创新利润”；③在风险大的领域投资形成的“风险利润”；④通过控制市场所获得的“垄断利润”。从全产业看，前三种高

额利润都是短期的，不可能长期存在，因此，如果某产业的利润率长期超过正常利润水平，一般就认为与垄断因素有关。

二、垄断对资源配置效率的影响

前述说明资源的最优配置是在完全竞争下形成的，或者说竞争性市场有利于提高资源配置效率。那垄断性市场对资源配置的影响如何呢？

从垄断者的价格和产量决定模式可以看出，他总是行使市场支配力量，企图把产量限制在完全竞争水平之下，使价格高于边际成本，这就意味着资源配置没有达到帕累托最优。因为，垄断者限制产量的结果，使部分资源由垄断产业转向其他产业，垄断性产品单位成本的效用大于其他产品。从社会观点看，垄断产业的产量过少，其他产业产量过多，这时如果增加垄断产业的产量，可使一些人的处境改善而不损害其他人利益。所以说垄断会影响平均利润率形成，降低资源配置效率。

同时，分析垄断的影响，还应考虑资源被用于垄断时所造成的损失。如为获取垄断利润而借助广告、包装，设置进入障碍等竞争行为所产生的过多开支，可视为社会性浪费。

垄断的具体影响程度，又与实际存在的市场集中度直接相关。一般来讲垄断性强，集中度高，利润率也高，但由于影响利润率的因素十分复杂，现实中二者的正相关关系并非十分明显（相关系数 0.28）。贝恩的一项研究成果表明，一组 CR8 > 70% 的 21 个产业平均利润率为 11.8%，而另一组 CR8 < 70% 的 21 个产业平均利润率只有 7.5%。[①]

有的学者提出，还应考虑需求增长率和国际竞争因素。如果国内生产集中度高，但进口产品激烈，国内企业的利润率也不会高。如果某产业需求增长迅速，资源转移又跟不上去，增长率高的产业的利润率就会比增长率低的产业的利润率高。还有的学者指出，除市场集中度外，产品差别化和进入障碍对产业利润率也有重要影响，但二者不是线性正相

---

① 杨公朴等. 产业经济学教程（第二版）［M］. 上海：上海财经大学出版社，2002.

关关系，而是存在相关临界点，即只有当差别化和进入障碍相当高时，利润率才明显偏高。

第三节　产业的规模结构效率

一、产业的规模结构效率含义

由于规模经济性的存在，资源在产业内不同规模企业间的分配状况影响着资源利用效率。产业的规模结构效率就是从产业内规模经济效益实现程度的角度来考察资源的配置效率。

规模经济效益的实现程度，通常用达到或接近经济规模的企业的产量占整个产业产量的比例来表示，但要注意不同产业的技术经济特点对最小企业规模（最小有效规模）要求的差异。相对于市场容量而言，如果某产业内企业最小有效规模很小，那么市场就可容纳较多的达到有效规模的企业，从而既能利用竞争促进资源优化配置，又能充分获得规模效益，但如果某产业内企业最小有效规模较大，只有当这个产业中企业较少时，每个企业才能达到有效规模，这时少数企业已成为具有垄断力量的企业，就可能会抑制竞争，影响资源正常流动。因此，估计垄断和竞争对效率影响时，必须具体分析不同产业的实际情况，对垄断可能造成的资源配置效率下降和垄断因大规模经营获得的规模效益进行比较。

二、产业规模结构效率的特点

产业规模经济效益的实现情况可分三类：①存在大量低效率的小规模生产，即市场的主要供给者未达到必须的经济规模；②充分获得了规模经济效益，即主要供给者达到或接近规模效益；③超经济规模企业过度集中，即主要供给者是超规模的大企业。由此考察发达国家产业规模结构特点，可以概括为：

在多数产业中，达到规模的企业是主要供给者。贝恩对美国汽车、水泥、服装、食品等20多种产业的调查表明，70%~90%的产品是由达到经济规模的企业生产的。日本、欧洲的情况也类似。

在大多数企业中，都存在一批非经济规模的企业。他们利润率较低，有的经常亏损，但长期不退出市场。贝恩调查的20多个企业中，有10%~30%的产量来自这类企业。

这类企业能够长期存在的原因：

（1）设备早过折旧期但未报废，已不会增加单位产品的固定成本；

（2）工资低，提高了生存能力；

（3）企业主往往兼营他业，没业务就停工，有业务就开工；

（4）有利于就业和社会稳定，有时能得到政府支持；

（5）有一定特色，有一定市场；

（6）给大企业拾遗补阙，增强产业总体的灵活性。

在相当部分产业中，存在超经济规模的过度集中。贝恩调查的12个产业中，至少有6个产业的大公司生产成本高于较小公司的生产成本。许多企业的合并也有这类情况。这表明超规模的过度集中，实际上降低了产业的规模结构效率。

三、X非效率

超规模经济的过度集中（寡占）不仅从组织外部影响资源配置效率，而且对组织内部也容易导致低效率——这就是美国学者雷宾斯坦发现的X非效率。它的基本含义是指大企业由于脱离竞争压力而引起的费用肥大和效率衰减。

这种现象可以从因企业过大、垄断力强而造成的竞争压力小，机构庞大、层次多、效率低，所有者、经营者、劳动者矛盾摩擦加剧，内部管理成本高等方面去论证，也可从个案研究来证实。日本马场传雄测算的部分行业的X效率（=1-X非效率），就证明了集中度与X非效率密切相关（见表 8-1）。

表 8-1　X 效率与集中度（基于 1970 年研究数据）

行业	X 效率	基尼系数	行业	X 效率	基尼系数
食品	87.99	0.2343	钢铁	94.00	0.6408
纺织	81.63	0.1444	有色金属	90.18	0.5543
造纸	90.36	0.3298	一般机制	87.25	0.2277
化工	79.66	0.6480	电气机制	87.78	0.6227
橡胶制品	95.28	0.4829	运输机制	86.06	0.7209
水泥	87.23	0.2791	精密机制	88.66	0.1612

资料来源：马场传雄. 独占企业规模与 X 效率［A］//龙茂发，马晓宗. 产业经济学概论［M］. 成都：西南财经大学出版社，1996.

表 8-1 中 X 效率是样本企业实际产量与企业的现有资本、劳动有效组织应该达到的产量之比；数值越接近 1，表示越有效率。表 8-1 中数据揭示：低集中度行业（基尼系数<0.4）基尼系数越高，X 效率呈上升趋势；高集中度行业（基尼系数>0.4）基尼系数越高，X 效率呈下降趋势。

第四节　技术进步

一、技术进步的含义

广义的技术进步包括除资本投入、劳动投入之外的所有促进经济增长的因素。产业组织学对技术进步的把握是狭义的，主要包括技术发明、创新和扩散三个阶段。发明，即设计创造新产品或新工艺，为解决相应的技术问题；创新，即把发明转化为商业应用，即第一次应用并导致一种新产品或新工艺的出现；扩散，即新产品、新工艺的广泛采用。

技术进步是衡量市场绩效的重要标准。但组织学的着眼点不是技术进步本身，而是市场结构与技术进步的关系，特别是要回答什么是市场结构下技术进步速度较快的问题。

二、技术进步过程的一般规律

技术进步既是市场绩效的重要标准，又是影响市场结构、行业和绩效的重要因素。它的主要结果是提高生产率和消费质量，同时也促使劳动力需求结构升级，影响一国的产业结构和国际贸易格局等。

但技术进步不是从天而降的礼物，不是造物主的恩赐，它需要一系列的创造性劳动和必不可少的成本投入。从一些技术发明及其形成产业的过程看，大体有如下一些规律：

（1）通常重要的创新活动在最初的突破性发明阶段，费用支出的相对比例和绝对数量都较少。

（2）基础性发明具有一定的随机性。可能很多人同时认出一个未解决的问题，但只有少数人真正投入精力去思考研究，其中成功者更少，且有的是凭天才和运气，有的是选准的一种角度或方法，并不一定是知识最丰富、方法最全面的人。

（3）在发明成果转化为创新活动，技术上、经济上都真正可行之前，仍然或多或少需要一定的创造性活动。

（4）当基本的概念提出，并且正确性已被基本证明之后，通常只需投入较少资源进行初步的模型试验。这时，技术上的可行性已不再是严重问题，不确定性涉及的需企业有能力处理的主要问题是：具体的设计和制作、成本情况、市场价格预测、需求前景等。实际上的工业研究与开发大多从此阶段开始。

（5）进入创新即商业化阶段，其支出将大大超过早期发明阶段的费用。此时技术因素已不是关键，关键在于经济投入，在于投融资的决策筹措和生产营销管理。

三、企业规模、市场结构与技术进步的关系

分析二者对技术进步的影响主要是从动力和能力两方面体察。理论界有两种相反观点：

（1）一种观点认为，大的垄断企业可以使技术进步加快（如熊彼特、加尔布雷斯）。理由：①筹资能力；②承担风险能力；③物质和人才条件；④经营特点（多样化、发明创新往往带来一系列相关成果，多经营可以充分利用）；⑤预期收益：大企业市场占有率、渠道优势，使之预期收益较高。

（2）相反的观点是只有竞争的市场结构才有利于技术进步（如曼斯菲尔德）。理由：①竞争是技术进步的原动力；②市场支配力量一旦形成，与其说是技术进步的动力，不如说是限制条件；③企业规模并不是越大越有利于研发，因为过大会产生 X 非效率。在许多产业中，中小企业对研发也能作出重要贡献。

有的实证研究结果表明：只有当研发所必须的投资规模极其庞大，或技术创新所必须的企业的最小最优规模很大时，熊彼特和布尔加雷斯的假设才成立。除此之外，在大部分产业中，超大企业的研发效率反而比大中规模企业低。捷乌斯克等曾对 20 世纪 60 年代前的全世界 61 项主要发明进行调查，将之起源分作 4 类：个人发明、中小企业发明、大学研究所发明、大企业发明。结果是：大企业的研发成果只有 16 项，而且有些还是大企业导入 3 个人先期研究成果后才开发成功的。

（3）基本结论。综合已有观点可以得出：在一定规模临界点之内，研发投入随企业规模扩大而增长，成果（专利）也随之增加。超过临界点则相反，而临界点又因产业而异。

大中小企业对研发的作用大小，与产业类别、技术进步阶段特点、专业化分工程度、政府政策都有密切关系，难以一概而论。

大企业与中小企业的作用常常是互补互联的，如革新活动活跃的小企业，往往是大公司或大学研究所派生出来的，多出现于新的产业中。如大企业从事产品主体的生产和研发，而小企业则进行零部件生产及细分技术的开发。无论大小企业，若排除市场竞争，都会失去技术进步动力。

四、专利制度与技术进步

专利是政府依法授予企业或个人的在一定时限内生产或销售某种产品，或使用某种生产工艺（方法）的垄断权。保护时限周期因产品而异，一般在15~20年。专利权具有排他性，可以买卖（转让）或租用。

表面看这是一种合法垄断，与反垄断改革相悖。其实质也有一致的一面，因为专利允许的是短期垄断，有利于鼓励发明创新和技术进步，从而有利于提升生产效率，社会最终可以从专利所提供的更多更好产品和工艺中获益。另外，专利又不同于商业秘密，制度本身可以保证创新者最终公开信息。

专利的弊端是导致合法垄断，人为地限制了知识的广泛应用，加之发明者往往实行垄断价格致低产量受限，资源配置失当，社会成本上升，甚至可能抵消创新活动给社会带来的收益。

因此，对待专利制度的态度只能权衡利弊，看是否利大于弊。制定专利政策时必须划清合理使用专利权和滥用的界限。如限制性专利使用(限定使用者市场、价格等)，交叉性使用专利权（两个以上专利持有人串谋共享，排他)，以垄断为目的的收购专利，专利性搭售等，西方国家一般都认为是不合法的。

第九章　市场秩序

导　读

市场经济是以市场配置资源为特征的经济。由于市场在经济运行中起着基础性作用，因而市场秩序问题尤为突出。新的经济体制代替旧的经济体制，意味着新的秩序取代旧的秩序。由传统的计划经济体制转向社会主义市场经济体制的过程，实际就是一系列市场秩序的创新过程。从我国市场经济的现实情况来看，市场的发育和完善，不仅需要通过完善和发展的市场机制促进市场灵活高效运行，而且也必须通过构建市场秩序来促进市场经济的规范有序。只有注重市场秩序的建设，才能使我国的市场经济进入有序的运行状态，得到健康的发展。因而，深入研讨市场秩序的变化规律，针对问题探索建立正常秩序的对策，对完善我国的市场体系和深化整个经济体制改革无疑具有重要的现实意义。

西方产业组织理论关于市场绩效的评价偏重于经济效率、分配公平、技术进步等，但对市场秩序的研究较薄弱，实则将市场有序作为了假设条件，而秩序之于中国，则恰恰是最突出的问题。

市场有序运行是市场经济健康发展的宏观要求。首先，面对激烈的市场竞争，企业欲求声讯发展，必然要求维护和规范市场秩序，以企业正常经营，实则利润最大化目标。其次，市场的决定性作用是调节资源配置，将资源流向最需要的部门和优质企业，提高投资综合经济效益和投资人的积极性。为此必须有一个良好的市场秩序环境和反映真实的市场信号，才能促进资源配置的优化和效率。最后，社会经济的持续健康和稳定发展，也要求市场的良性竞争和规范的道德约束，要求市场统一而活跃，竞争而有序。

市场秩序的内涵界定有狭义和广义之分。狭义的市场秩序专指流通领域的市场运行性状，也即流通秩序；广义的市场秩序可扩展至社会再生产全过程，即整个市场经济的运行秩序。所谓理想的市场秩序，一般认为要达到帕累托最优状态，而达此至少要符合如下假设条件：经济信息完全和对称；存在完全竞争市场；企业和个人经济活动没有外部性；规模报酬不变或递减；不存在交易费用；交易双方完全理性。涉足这些条件，即可实现市场秩序最优状态。

理想状态市场秩序的评估标准可以概括为：交易效率最优、生产效率最优、综合效率最优，即经济社会作为一个整体达到了最优状态。但现实经济中矛盾错综复杂，市场秩序很难达到理想状态。这就必须对评估标准因国因时作出必要修正，力争向理想目标迈进。

市场运行无序甚至混乱现象，有其深刻的历史根源和特定的体制背景。历史性原因既有几千年自然经济的痼疾，亦有几十年“计划经济”的惯性。特定的体制环境影响，主要是市场经济初始阶段和体制转轨时期，不同制度的交叉、摩擦和冲突。表现出来的严重问题如“诸葛经济”和行政垄断；诚信缺失和商业欺诈；企业产权不清和约束软化；灰市黑市猖獗和寻租活动泛滥等。

市场秩序的演变有其自身的规律。一般而言，总是从无序到有序，由大乱到大治。这种必然性也是由市场经济的内在机制决定的。一是消费者主权的约束；二是竞争力的约束；三是各类市场主体的理性自觉。

促进国内市场有序运行，根除无序和混乱问题，必须遵循市场经济宏观规律，对症下药，综合治理。治本的正确思路应注重经济的协调发展和市场的健康发育，健全市场体系和市场机制，完善宏观调控体系和微观规制政策，加强制度规范和法制化管理。仅就市场法规制度而言，亟待建立和完善的是：产权制度、契约制度、货币金融制度，市场进入和退出制度，有序竞争和反垄断制度，产品责任制度，监督和惩罚制度等。

第一节　市场有序运行的必要性

一、激烈的市场竞争要求市场有序运行

市场竞争包括卖主之间的竞争、买主之间的竞争，以及买卖双方的竞争；包括企业之间的竞争，也包括产业之间的竞争，乃至地区之间、国家之间的竞争，而影响市场竞争秩序的因素又相当复杂。就主体而言，市场交易行为往往是双重的，甚至是矛盾的。当企业在竞争中有利可图、处于优势地位时，就会赞同竞争；而当他处于不利地位时或者对他自己的销售领地，则往往倾向于限制竞争，并常常为此采取种种不正当手段来保护自己的市场地位。垄断、价格协议、不正当交易等逃避行为由此而盛行。所以，美国、德国、日本等市场经济较为成熟的工业化国家的反垄断、反不正当竞争的立法，其核心都可归结为限制、阻止和惩处破坏公平竞争的“逃避行为”，维护和规范市场秩序，以保证市场经济自身规律正常发挥作用。从这个意义上讲，市场的有秩序是市场经济的生命。就客体而言（包括有形商品和无形商品），需求市场对其质和量都有一定的要求。对质的要求表现为“质量上乘，优质服务”；对量的要求表现为“足额交易，保值享受”，但由于市场经济下的利益驱动机制，企业利润最大化和个人收入最大化往往成为社会追求的核心目标，一部分人只知道追逐自身的物质利益，并且具有强烈的致富欲望，

甚至“不择手段”地追求货币财富。于是，不少人曲解市场经济，认为市场经济就是不受管束，想怎么干就怎么干，“撑死胆大的，饿死胆小的”。以权谋私，身败名裂者有之；钻改革空子，抓住机会赶快“捞一把”，以身试法，锒铛入狱者有之。这些只知逐利，不知规则，甚至无视规则的行为，必然影响到商品的生产、交换和消费，造成假冒伪劣商品泛滥、欺行霸市、强买强卖等行为盛行，严重损害商品生产者、经营者和消费者利益，有悖于市场经济的要求。如果没有健全的市场运行秩序，那么，市场的无序运行是难以避免的。

二、资源的优化配置要求市场有序运行

资源配置的方法有两种：一是以高度集权的国家计划配置资源；二是以市场配置资源，让市场发挥基础性作用。实践证明，只有彻底打破计划配置体制，培育市场配置机制，才能促使我国经济高效健康运行。这是因为，以市场为主配置资源，能够更好地适应社会需求，将资源流向优质产业和企业；能够充分调动投资主体的积极性，促进多元化投资，广开投资渠道；能够有力促进投资效益提高，缩短投资周期，使经济充满活力。可是，市场作用又有一定的盲目性，这又要求我们必须重视宏观调控作用，以弥补市场的不足。当然，调控的方式绝不是传统的计划指令，调控的手段主要是利用财政货币政策、产业政策、经济参数引导、经济法律规则等。只有这样，才能使微观经济活动遵循一定的游戏规则，保证所有市场主体地位平等，交易成本不断降低，才能使市场信号真实地反映市场的运行状况，使社会资源按照反映市场供求关系、竞争关系等的信号配置到最有效的环节或部门中去，以提高资源的配置效率。如果没有市场的有序运行，就会出现供求关系紊乱，价格信号失真，诱导资源的无效或低效配置，造成资源的浪费。

三、经济持续稳定发展要求市场有序运行

经济持续稳定发展需要多种条件的配合，而有序的竞争和规范的

商业道德是其至关重要的条件。然而，目前低水平的无序竞争和商业欺诈行为却十分普遍，日益猖獗。主要表现为低水平的重复、相互复制、模仿、假冒伪劣、走私投机、暴利定价、哄抬物价、不讲信誉等。同时，行政性垄断势力侵入市场，或者兴办行政管理和市场经营一体化的“官办”公司、“翻牌”公司；或者以接受“挂靠”为资本，支配依附其下的“企业”混迹于市场；或者滥用行政权力制造市场歧视和地区封锁、部门分割的地方保护主义。在这种市场氛围中，人们受到的伤害远不只物质上的，更主要的是精神上的、意识上的。消费者受到愚弄，人的尊严受到蔑视，人的权益和安全缺少有效保障。当这种社会不良现象严重到一定程度时，人们就会产生悲观情绪，怀疑市场经济，从而从根本上动摇经济发展的基础。因此，我们必须建立正常的市场秩序，彻底扭转市场无序运行的局面，以保证经济持续稳定发展。

四、社会主义市场经济本质要求市场有序运行

我国要建立的市场经济是社会主义的市场经济。社会主义市场经济主体之间的利益关系因以公有制为基础而特别强调共同利益，是差异性与共同性的统一。具体讲，就是在诚实劳动、合法经营的基础上，既承认利益差别，允许一部分地区、一部分人先富起来，又坚持利益的共同性，先富带动后富，逐步达到共同富裕。这一特点要求，在社会主义市场经济运行中，首先，要保证企业成为“自主经营，自负盈亏，自我发展，自我约束”的法人实体和市场竞争主体；其次，保证经济主体在平等的条件下和环境里进行“公开、公平、公正”的竞争；最后，要通过经济法规的制定和实施，促使各行业主体行为规范化，形成一个活而不乱、统而不死、井然有序的大环境。如此，才能保证市场经济沿着社会主义方向发展，而要做到这些，市场的有序运行是不可或缺的。

第二节　市场秩序的评价标准选择

一、市场秩序内涵界定

什么是市场秩序，他的内涵是什么，这是首先要界定清楚的。本书认为，市场秩序有狭义和广义之分。狭义的市场秩序专指流通领域的市场运行性状，也即流通秩序。广义的市场秩序，可以扩展到社会再生产的全过程，渗透于生产、分配、交换、消费各环节，也即整个市场经济的运行秩序。它既指市场经济体系中各类市场的主体、客体、中介组织等在公平竞争中健康运行，又指高效配置社会资源的状态。具体包括市场规则的法制化状态、市场总体与各分类市场在运行主体、运行客体等方面的有序化状态、市场中介组织的正规化状态和市场交易行为的规范化状态等。

本书旨在研究广义的市场秩序，并把市场秩序视为一种社会经济运行的状态，同时又注重于对决定其运行状态的经济机制的考察和分析。既然市场秩序是一种状态，那么，它必然会遇到市场秩序的评判问题。什么是理想的市场秩序，即什么是市场有序运行，只有将这些问题确定了，才能找出现实经济运行与这一理想状态的差距，并且由此而指明我国现实市场无序运行的表现、危害及原因、市场从无序到有序的演进趋势。

二、理想状态市场秩序的条件假设

一般认为，能够达到帕累托最优状态的市场秩序就是理想的市场秩序。帕累托认为，在分配标准既定时，现状的改变如果使每个人的福利都增进了，这种改变就有利；反之则不利；如果使一些人福利增进，而另一些人的福利减少，对整个社会来说也不能认为有利。帕累托最优状态指的是这样一种状态：任何改变都不可能使一个人的境状变好而又不使别人的境状变坏。这一理想状态的市场秩序的存在是要具备一定的理论假定前提的。西方经济学在论述这一问题时至少动用了 17 个以上的严格的假定条件，其中最为核心的是以下 6 个：

（1）假设经济信息完全与对称。

（2）假设存在完全竞争的市场。

（3）假设企业和个人经济活动没有任何外部性。

（4）假设规模报酬不变或递减。

（5）假设不存在交易费用。

（6）假设交易双方都是完全理性的。

在满足这些条件的情况下，自由市场交易所形成的瓦尔拉斯均衡可以达到帕累托最优状态，并具体表现为交易效率最优、生产效率最优和综合效率最优。

三、理想状态市场秩序的评价标准

由理想状态的市场秩序即帕累托最优的表现可推知，如果一种市场能同时实现帕累托状态的三种最优，即交易效率最优、生产效率最优和综合效率最优，就可以说这一市场达到了理想的运行状态，即为理想状态的市场秩序。

（1）交易效率最优。当商品和服务的总量既定，消费者的收入既定时，价格机制使每一组物品的边际替代率对于消费者而言是完全等同的。产品边际替代率指的是消费者或使用者在使自己的满足程度不变的条件下，当一种商品的减少，需要相应增加一定数量的另一种商品作为替代时，两种商品之间的这种替代关系。交易效率最优就其在一定收入价格嗜好的基础上，任何两种商品之间的边际替代率对于使用这两种商品的每个人来说应当是相等的。否则，就不可能使每个人所得到的效用或满足程度不变，而可能使双方或其中一方在交换后，减少了所得到的效用或满足程度。

（2）生产效率最优。当技术和资源规模既定时，竞争的市场机制会使每一组生产要素之间的边际产品转换率对一切生产物品的生产而言是相同的，生产者之间的利益和效率实现了最优化。边际产品转换率是两种产品的边际生产成本之间的比率，而边际生产成本是指生产最后一个单位的产品所需要的成本。所谓生产效率最优，对于一种产品的生产而言，就是其边际生产成本与产品的价格相等。因为，如果他高于价格，就会使生产者缩小生产，防止亏损；如果他低于价格，生产者就会为追求利润而不断扩大生产。对于两种产品的生产而言，这一最优是两种产品的边际产品转换率相等。否则，生产要素的分配就有可能变得只利于生产其中某一种产品，而不利于生产另一种产品，从而一种产品会在使另一种产品减少的情况下增加生产。

（3）综合效率最优。综合效率最优指的是生产和交换同时是最有效率的，是就经济体系而言的。只有当生产效率和交易效率相协调，生产者之间生产的任何一组物品的产品转换率等于消费者之间形成的任何一组物品的边际物品替代率，即生产的边际成本等于市场物品的价格也等于边际收益，这时，在完全竞争的条件下，所有产品的价格都等于边际成本，所有要素价格都等于他们边际产品的价值，没有溢出或外部经济效果，经济社会所有的生产者在最优帕累托状态下生产的商品恰好能满足所有消费者在最优帕累托状态下的需要。在这种情况下，当每一个生产者都自私地最大程度地增加利润时，并且当每一个消费者都自私地最大程度地增加他的效用时，经济社会作为一种整体达到了效率的最优。

四、确立我国市场秩序目标的约束条件

讨论帕累托最优的一般均衡能使我们理解理想状态的市场秩序及其存在方式。但现实经济运行中又存在着诸多矛盾，致使市场秩序很难达到理想状态。原因有以下几点：

（1）现实经济运行的真实条件与理想状态中的假设条件相去甚远。这是现实经济运行中的首要矛盾。高鸿业教授在论述私有制的市场经济能否以最优的方式配置资源的问题时，提出的首要论据就是理想状态中实现最优配置时需要的假设条件过于严峻。在讨论帕累托最优的存在时，西方经济学的假设条件过于严重地偏离了现实经济，以至于使论证中的现实意义打了折扣。从前述本书列举的六个核心假定条件可以清楚地看出，他们都与现实生活严重偏离。关于完全信息，由于现实的物质条件所限，可以说在相当长一段时间内难以达到；关于完全竞争，现实生活中也难觅其踪；关于不存在外部性，则更是不言自明：任何生产或交易都会或多或少地有一些外部效应；关于不存在规模报酬递增，则因为经济中大量存在的规模经济而难以让假设成真；关于交易费用为零，科斯则早有精彩论述；关于完全理性，则由于参与市场的市场主体的多样性，更不能保证每一个参与者都能完全理性地计算自己的得失损益。

（2）现实经济运行中公平与效率的替换。由于全社会总福利的高低总是一定的经济效率与一定的经济公平的组合，要使经济效率增长就必须使报酬有差别，从而使收入有差别；要做到收入均等化式的“公平”，就不能使社会保持高效率，这样就陷入了公平与效率的替换的难题之中。

（3）现实经济运行中普遍存在政府干预现象。在现实经济生活中，由于垄断、公共物品和外部影响这三个因素的存在，常会导致市场失灵，干扰完全竞争的市场，使市场机制不能正常发挥作用，从而不能达到最优状态。在这种情况下，必须依靠政府的力量，对这些缺陷加以弥补，才能使经济社会接近完全竞争的市场机制，但由于政府的这种干预，使不同时空中市场参数变化不定，甚至表现出主观随意性。比如价格，在自由市场中，作为商品价值的货币表现，在正确反映商品供求关系时，可以作为一种市场信号，引导资源配置和商品消费。但在政府干预的情况下，往往通过制定最高限价或最低限价以达到某种目的，这样，就会使价格这一市场的重要参数变得扭曲。

至于我国现实的约束条件，更加复杂。体制转变、观念冲突、法制滞后、市场残缺等因素都不同程度地制约着理想的市场秩序的实现。

第三节　我国市场秩序评价标准选择

评价理想市场秩序的标准理论上讲就是用完全竞争的帕累托最优条件下的一般均衡作为终极标准。任何市场运行态势都应该和这一标准相比。但现实中，由于存在现实经济运行与理想状态运行的差别与矛盾，所以评判市场秩序的现实标准应加以修正。结合我国具体国情和现阶段的经济社会特点，本书认为修正后的标准应该是如下几条：

（1）效率标准。效率标准是评价市场秩序标准体系中第一的标准。前面本书已经分析了市场有序运行的状态，这种状态的市场秩序实现了生产效率、交易效率和综合效率最优三者之间的结合。从理论上讲，以这三条效率最优所指出的函数关系去衡量经济生活，就能评价一个体系中市场秩序是否满足了效率标准。换言之，理想中的最优市场秩序必然要满足这三个效率最优。效率最优是市场秩序最优的必要条件。

具体而言，由资源稀缺所限，效率可分为资源利用的配置效率和劳动与经营管理效率。资源利用的配置效率是指投资项目决策、生产力布局、经济结构、资源转移等方面的效率；劳动与经营效率是指劳动者在生产中的投入情况、经营者的责任心、管理水平、政府部门的高效率以及人们在工作中的创新意识和动力机制所带来的效率，而所有这些效率归结为一个可衡量的效率就是经济效率，即投入与产出之比率。产出可以是物质财富、可以是服务，也可以是其他的工作绩效；投入可以是物资资源，也可以是信息、智能资源；可以用价值表示，也可以用工作时间、劳动力数量表示。经济运行和发展中的效率表现为劳动生产率（产出量/单位劳动力或单位劳动时间）、资本生产率（利润量/单位资本）、全要素综合生产率（产出量/综合投入量）等。这些效率又可具体化为劳动效率、企业经营管理效率、投资效率、产出和产品效率等。总而言之，对效率标准要从产出、消耗和就业等方面综合理解。

（2）公平标准。公平标准是一个体系，至少包括反映机会平等的公平和反映劳动报酬平等的公平。

反映机会平等的公平。一个完善的市场，除了有效率功能外，还有公平功能，即促进社会成员之间平等的功能。这种平等集中体现在机会平等上。机会平等体现的是商品交换的原则，是社会提供给每个成员相等的参与竞争、就业、投资、盈利等一切经济活动的机会，以最大限度地激发劳动者的积极性，借以最富效率地推动生产力的发展。这种公平的结果表现为：个人分配由个人对创造财富的贡献决定并最终表现出来。对于这种平等，马克思早有论述，“商品是天生的平等派”。尽管这种平等还只是极有限度的形式上的平等，但它无论如何是一种历史进步，它是对这样或那样的超经济特权的否定，这种平等才最具有现实意义。

反映劳动报酬平等的公平。公平反映的这种平等是市场经济中每种生产要素根据它的贡献取得相应的报酬。然而，由于市场本身的缺陷，往往存在着不平等的事实。所以，在现实经济生活中须由政府担负起这一校正市场结果的职能。政府要通过赋税制度和社会保障制度对社会财富进行调节和再分配，这样才能纠正市场分配的过分悬殊，保障贫困者生活，保证社会的稳定。

需要指出的是，计划体制下的所谓按劳分配，实际是小农经济的绝对平均主义，与劳动报酬平等的公平毫无共同之处，与市场经济完全背道而驰。

评价现实经济运行中的市场秩序时，不能机械、简单地套用效率标准和公平标准，而应有所侧重。根据不同历史时期、不同国家、不同发展水平、不同发展目标和要求，将两个标准有针对性地结合，才能正确理解一国经济体系的运行，才能正确理解世界上这么多国家各自不同的政策选择。如果借用“效用”这个概念，这种选择可以表述为：不同的国家，甚至同一国家不同的历史发展阶段，在不同的发展增长目标前提下，效率和公平二者的效用是不同的。因而，经济运行机制在具体的经济政策选择中，各个国家很自然地要把能够带来效用最大化的标准放在首位，这样就实现了两个标准在评判中有针对性的组合。例如，对于大多数发展中国家而言，其面临的发展压力较大，它们就会不自觉地将公平标准放在次要地位，而以效率标准为主，进而采取各种能极大促进生产力发展、经济快速增长的经济运行体制，有时甚至在社会经济发展中不顾可持续性而涸泽而渔。相反，对于大多数发达国家，尤其是许多福利国家，它们往往在注重效率的基础上，将公平标准放在显著位置，通过完善先进的转移支付制度和各种社会保障制度，力争做到向公平标准的靠拢。所以，综合而言，各个国家由于现实条件所限，其偏好各不相同。故而，在评价其市场秩序和理解其经济运行过程中，要有所侧重地运用两条标准，才能得出正确结论。

我国现阶段国内经济学家和政府机构一般认可的原则是：“效率优先，兼顾公平”。这是 1996 年 4 月 20 日在北京召开的“中国市场经济论坛”第 38 次研讨会上与会者的共识。江泽民同志在中国共产党第十五次全国代表大会上所作的报告中也有这方面的说明。这当然是符合中国实际的明智抉择，但在理解上和实践中却颇多偏误。一是“效率优先”的地位因诸多非经济因素（如社会稳定）的干扰，“总被雨打风吹去”，不得不让位于“公平”，甚至是第二种含义的“公平”乃至“平均主义”。二是人们对公平的理解总也驱赶不掉平均主义的阴影，机会均等的观念十分淡薄，孜孜追求于按劳取酬，而又常常吃尽“大锅饭”的苦果。

第四节　市场无序运行现象探源

我国经济转轨时期出现的市场无序甚至混乱现象，是由经济、政治、社会等多种因素造成的，有其深刻的历史根源和特定的体制背景。

我国市场无序运行的历史性原因分析影响我国目前市场秩序的历史原因，既要看到存在了几千年的自然经济留下的痼疾，还要看到几十年计划经济的惯性。二者虽然经济基础、制度不同，理论、观念、行为方式有异，但他们对商品经济的封杀都是一致的，对市场发育的危害是同样深刻的。

市场经济的运行方式最先是伴随资本主义制度的建立形成的，而且资本主义还为市场经济运行秩序的公开性与法治化创造了前提，而在中国近代史上，由于种种原因，没有出现民族资本主义的独立发展时期，中国的资产阶级没有完成培育市场经济的使命，没有从根本上冲击落后的、封建性的市场行为与观念，更谈不上将市场秩序法治化。社会主义计划经济体制确立后，这些落后的、封建的市场行为方式与观念又不曾受到彻底批判，以致流毒至今，成为市场有序运行的严重干扰因素。

我国的计划经济是建立在自然经济和封建制度基础上的。由于三者都排斥市场，追求集权管制和自给自足，因而计划经济的体制特征难免因袭旧制，这就是资源稀缺下的高度集权的各地自成体系的运行模式。几十年来，无论企业或个人，都遵循一套严格的政策约束、道德规范和行为限制，几乎不存在追逐自主利益的机会和可能。企业活动的导向是计划下达的任务，而不是利润；居民生活和消费也由政府统一安排，买卖价格根本不受市场供求关系的影响。于是，政府只是一味批判“利润挂帅”“个人主义”，灌输“兴无灭资”“大公无私”观念，人们也只能沉浸在理想化的“精神王国”之中。同时，在理论上又把商品经济和市场等同于资本主义，当作敌对社会主义的“洪水猛兽”大加批判。改革开放以后，人们的思想认识、价值观念发生了根本性的变化。特别是市场理论的伸张和利益原则的确认，使企业利润最大化和个人收入最大化急剧上升为社会追求的核心目标。于是，以货币财富为代表的经济利益角逐迅速在全社会范围内展开。虽然这种“逐利行为”极大地刺激了人们勤劳致富的积极性和创造性，带来了国民经济的空前繁荣和国家整体实力的增强，但与之俱来的也有市场秩序的混乱。因为市场经济的“魔瓶”一旦开启，少数人只知逐利，不知规则，甚至无视规则、蔑视法律的行为，有可能呈现出一定的普遍性。这就是我国目前体制转轨时期市场秩序混乱的历史性原因。

一、我国市场无序运行的一般性原因

本书所谓一般性原因，是指不分社会经济形态的那些共有性因素，也指市场经济发展的各个阶段都起作用的因素。以此，可以从主客观两个方面来分析。影响市场秩序的主观方面，当是市场活动主体永无休止的逐利动机；客观方面，则是市场自身的基础状况或成熟程度。本书认为这些一般性原因，既是基础性的，更是深层次的，应予以特别重视。

在市场经济发展的初始阶段，市场参与者是行为多样、利益分歧的行为主体。作为“经济人”，他们的理性是有限度的，他们的自律是有条件的。没有充分有效的利益激励和公正强劲的利益制约，他们不会自觉地完全遵守道德的承诺，将追求利益最大化的行动约定在合理与合法的限度内。当法律的外在强制、道德的内在规劝力度不及时，人们便会倾向于在“损人”的基础上实现自我利益的最大化；同时，又因为每个人的成长环境、出身经历、社会经济地位不同，其行为的理性、自律和自利程度会以不同的结构组合、不同的比例凝结。正是这种相异且丰富的行为特征，造成了市场秩序的多变和不稳。

当然，市场中的需求行为也与市场秩序直接相关。不过，从消费者利益出发，一般而言，需求行为具有自觉维护市场秩序的内在要求，而供给者行为的优劣则在一定程度上决定着市场秩序的规范程度。如果供给者以效率化的方式供给优良的商品，市场交易会处在稳定与调和之中；反之，如果供给者以“缺斤少两”“以次充好”的机会主义方式向市场提供商品，特别是这种方式泛化，则会使供给者与需求者原有的和谐变为紧张，由互惠转向冲突，最终会使局部的交易冲突演化成市场交易行为的完全终止，以致造成市场运行的无序和市场局势的波动。

市场自身的发育程度，是各种市场活动的基础。对一个不成熟的市场来说，由于其结构残缺，机制不灵，法规互撞，约束不力，市场主体则无所适从，不法之徒则恣意胡为，整个市场必然出现无序状态。

在市场经济的发展初期，市场结构残缺不全，尤其是没有建立起完善的要素市场，使得市场秩序难以达到稳定的最优状态。因为市场体系是由各种各样或各种类型的市场所构成的有机体，各类市场之间有相互传递性，即不同市场之间人们互相利益的压力及其竞争有相互传递性；不同市场的交易价格具有相互传递性；不同市场的供求关系具有相互传递性。另外各类市场之间还具有极大的互补性。这主要表现在支持性互补、替代性互补、时间上的互补、空间上的互补。在市场经济发展初期，某一种或某几种市场发育不完善，就会影响各类市场之间的传递性或互补性，违背市场的内在逻辑，造成市场的无序。

市场制度是建立在市场发育的基础上的。他既是市场体系的有机组成部分，亦是维持一定市场秩序所不可或缺的外在制约条件。这包括市场主体结构政策、市场进出规则、交易规则、竞争规则等。一定的市场秩序是维护社会整体利益的需要，也是维护每个市场主体合法权益的需要，对规范市场活动具有强制性作用。因而，市场制度是否完善而有效也是影响市场秩序的一个重要条件。

二、我国市场无序运行的体制性原因

我国经济市场化初始阶段的混乱，除了上述原因外，还有体制转轨时期的特殊因素。从总体上说，转轨时期新旧体制之间的摩擦和冲突激发出来的巨大逆向能量，将不可避免地形成一些无序的“真空”地带。某些制度、规则、法制的不完备、不健全和不统一，会使经济主体无所适从，发生碰撞和摩擦，形成一种无序的经济状态。具体而言，这种体制性原因造成的市场混乱突出表现在以下几个方面：

“诸侯经济”和行业垄断严重改革以来，为调动地方积极性，出现了局部利益倾向加强的势头，冲击了国家的整体利益。尤其是部分落后闭塞的地区，为了本地区经济的发展，往往采取地方保护主义的经济政策，形成一种“诸侯经济”。这种“诸侯经济”加剧了经济秩序的进一步混乱，影响了整个经济的发展。首先，它阻碍了全国统一市场的建立和发展，将中国市场分割得支离破碎。其次，他加剧了市场供求矛盾，加大了产业结构调整的难度，该压的产业、产品压不下，该上的产业、产品上不去，落后的企业受到保护，从而加剧了产业结构的进一步不平衡。最后，严重妨碍了生产的合理布局和资源的优化配置，使许多地区失去比较效益、规模效益和要素组合效益。

行政性行业垄断的存在，更是市场公平竞争、有序运行的巨大隐患。由于我国企业整体上还属于规模经济不足，企业尚不具备垄断的市场的实力，因而，目前存在的某些市场垄业现象，并不是成熟的市场经济国家规模经济和企业集中化高度发展的结果，而是来自传统体制在新形势下的某些变种，即源自旧体制的行政性行业垄断。这种垄断行为仅仅是凭借手中的行政特权，为保护既得利益，侵入市场、支配市场、操作市场。如“官办”公司、“翻牌”公司、“挂靠”公司等，都是这种垄断行为的体现。在这种垄断行为的背后，常常是权钱交易、官商勾结、行贿受贿、腐败盛行的黑幕。这是我国目前最为严重的一类不正当竞争行为和市场秩序混乱现象。由于这种垄断势力的侵入，我国的市场状态发生了变异，市场交易中的非市场因素被不断地营造、复制和异化出来。因此，市场本应具有的高效配置资源的功能和公平竞争环境受到损害和削弱，有限资源不再按效率原则，而是按垄断市场的“权力网”来配置。

流通秩序混乱，商业欺诈盛行。流通秩序混乱的最直接表现是轮番涨价、三角债锁链、商业欺诈等。80 年代中期，为抑制物价过快上涨，国家拿出巨额财政补贴。财政补贴的扩大，只能靠增加税收和增发货币来维持，这就会使企业负担加重，结果造成企业连锁地通过不断提高成本和价格的方法面向消费者，使整个经济陷入“高物价—高补贴—高税收或高财政赤字—更高的物价”的恶性循环，同时工资和物价也有轮番上涨的关系。在此过程中，“抢购风潮”又极大地推动了通货膨胀，加剧了流通领域经济秩序的混乱。

进入 90 年代，市场又普遍出现了疲软与三角债问题，逐渐进入形成买方市场的格局，这又导致矛盾的加剧。由于市场疲软，产品积压严重，经济效益不好，再生产资金循环不畅，企业商品资金不能及时转化为货币资金，进而造成企业储备资金等生产性资金的短缺。为维持再生产的连续进行，企业只能靠拖欠别人货款来购买原材料。由此出现了企业间的相互拖欠，形成了三角债。这一现象严重干扰了企业生产经营活动的正常运行。同时，又因打乱了银行的正常经营，企业被迫以物易物，使大量资金体外循环，进而祸及到了金融市场的稳定。

由于体制转轨的漏洞，加之利润冲动、法治不力等原因，改革以来，商品交易中的各种欺诈案件层出不穷，甚至愈演愈烈。概括地说，一是质量欺诈。表现在伪造产品产地、冒用厂名、认证商标、名牌标志、掺杂使假、以次充好、以假充真的行为时有发生；生产经营假药假酒、坑农害农、致人死命的事件屡有披露。以前在沿海，现在包括内地的中小城市和一些大城市，世界“名牌”应有尽有，但实质上多是当地的“土特产”。广大消费者谈假色变。二是价格欺诈。一方面，暴利定价、哄抬物价十分普遍，一件商品的价格可能高出价值几倍甚至几十倍；另一方面，某些经营形式因经营人员中饱私囊亦蒙上价格欺诈的阴影。三是金融欺诈。在股票交易中，大户操纵市场，散布错误信息，人为制造股票价格的大涨大跌；利用尚未公开的重大信息，从事内幕交易，欺诈客户；在期货交易中，经纪人欺诈委托人，常常使客户在瞬间血本无归；在商流过程中，商业信用和银行信用可信度下降。企业之间三角债蔓延，无偿占用对方资金。物流结束而商流中断的情形已是司空见惯。总之，假信息、假商品、假钞票、假广告、假商标、假企业、假价格、假许可证、假产品奖、假合格证……到处泛滥，层出不穷，时时侵害着消费者的权益，破坏着市场的运行秩序。上述现象的产生，既与市场化进程缓慢有关，又是流通体制不完善和市场监管不力的直接结果。

企业产权不明，机制僵化，行为约束软化。市场交易的一个基本前提是买卖双方属于不同的经济利益实体，属于不同的利益所有者，并在市场竞争的压力下从事供求活动。基于此，利益独立型的市场经济首先要求产权关系的明晰和经营机制的完善，亦即经营单位（市场主体）对交换的对象要有明确的、专一的、可自由转让的所有权、使用权或收益权。其交换的范围和规模必须是基于对信息的掌握、对市场和自身竞争力的判断。如果某种资源或物品的所有关系、使用关系、收益关系不明晰或不甚明晰，企业经营机制不能或不完全能符合市场正常运行规律的要求，其结果，一种可能是利益实体（包括地方政府）拼抢资源、拼抢市场、拼抢利益；另一种可能是分割市场、保护市场、建立“诸侯经济”。这两种情况都会对市场混乱起到推波助澜的作用。应当承认，在我国的经济生活中，产权不明晰和经营机制不完善已经结出了很大的“恶果”。企业“见了绿灯挤着走，见了黄灯赶快走，见了红灯绕着走”的反对策行为及其对市场正常运转的负面影响和破坏使交易中的机会主义、本位主义和分散主义等恶劣现象不断膨胀，进而把市场运行导入一个无序境地。

寻租活动泛化，灰市黑市猖獗。权力寻租活动中的租金是政府干预或行政管制市场竞争而形成的级差收入，是超过机会成本的收入。租金也属利润范畴，但他不是生产性利润，而是一种直接的非生产性利润。我国原有的计划经济实际上是一种权力经济。稀缺资源的国家价格和市场价格之间的价差必然形成租金。转轨时期的租金主要体现在优惠政策、提价收入、低息贷款、税收减免、配售稀缺生产资料上面。大量滋生的官倒、私倒和灰市交易，便是权力寻租的必然产物。从权钱交易双方的关系上，寻租活动可以分为地方政府、企业和个人三个层次。其中政府既是上级政府寻租的对象，又是对下属企业寻租的主体。企业也有双重身份，因为它还可以对下属单位或承包经营者寻租。当然，寻租行为又是由官员、经理等各具权力身份的具体人进行的，这自然又使这种活动不得不蒙上一层灰暗的色彩。寻租活动和灰色、黑色市场的存在，虽为国家严防的对象，但因其与经济体制、政治体制密切相关，所以短期内难以杜绝。他对市场秩序的危害在经济政治体制改革完成之前不仅难以避免，甚至还有加剧的可能。

第五节　市场秩序演进的规律性

市场的无序运行或混乱，在其初始阶段是一种普遍现象，甚至是不可避免的，但当市场经济发展到一定阶段，市场逐渐成熟之后，市场运行的无序状态又会向有序转化，并强烈地显示出某种内在的必然趋势。本书通过对国内外市场的考察分析，并基于对现代市场经济理论的把握，认为我国现阶段市场无序或混乱现象的出现，既有市场发展过程中的一般原因，又是我国转轨时期的特殊国情所致。我们既要正视这种现象，认清其必然性及其内在原因，又要积极探索其从无序到有序转化的规律及其实现条件。如此，才能做到处乱不惊，治乱有方。

市场从无序到有序是一种必然趋势。乱后必治，无序后必然走向有序，这是世间万物发展变化的客观规律，当然也是市场秩序演化的客观过程和必然趋势。究其原因，这一趋势的必然性是由市场经济的内在机制决定的。

1. 消费者主权约束

消费者主权是指商品（服务）需求者在市场供求关系中居主导或支配地位。市场经济从本质上讲应该是消费者主权经济。只有消费者的需要得到较好的满足，产品的价值才能得到实现，生产者才能有利可图，才能得以生存和发展。如果企业在生产经营活动中损害消费者利益，这些企业就会信誉扫地，最终损害自身利益。从市场秩序演进历史看，在市场经济不发达和市场发育不成熟阶段，由于真正的买方市场尚未形成、市场结构有所缺陷及其他种种因素的制约，消费者主权不能充分体现。这时他对市场活动中市场主体双方的制约力也就较弱，因此难免出现无序状态。可是，随着市场经济的发展和市场体系的完善，特别是买方市场的形成，消费者主权地位会日益突出，对市场上卖方行为的制约会日益加强，以至于卖方不得不发自内心地承认“顾客是上帝”“消费是中心”，不得不为维护消费者权益而时时规范自己的行为。这时，作为市场主体的买卖双方便会形成一种有机的和谐，市场秩序的完善就蕴含在其中。

竞争压力约束竞争是市场经济铁的规律，渗透于一切领域、部门和企业之中。任何企业都必须面对竞争，在竞争中求生存，求发展。

竞争对市场秩序而言，其效应是一把“双刃剑”。一方面，因竞争的普遍性、残酷性，市场主体可能会利用各种不正当手段导致市场秩序的混乱，造成企业间自相残杀、效应低下乃至破产倒闭。在人们互相利益的压力之下或优胜劣汰的竞争之中，个人和企业等经济主体或当事人必须发挥出足够大的主动性、积极性和创造性，释放出足够大的经济能量，否则它们就会被无情的市场竞争所淘汰。但若市场秩序没有被相应地建立，经济主体所释放出的经济能量，显然会相互抵消，甚至自觉或不自觉地演变为破坏性的经济力量。另一方面，竞争也有利于市场的有序，因为竞争的压力会迫使企业从自身根本利益和社会效益考虑，加强自律，规范行为，树立良好形象，自觉维护市场秩序。可见，竞争会推动市场运行，是市场运行的根本推动力；竞争是整个市场得以维持其生命力的重要条件；竞争是获致繁荣和保证繁荣的最有效的手段。最后，竞争的结局——优胜劣汰的规律从总体上又能使优质规范的企业得以生存壮大，使劣质胡为的企业破产消亡。这就从根本上解决了市场主体的素质问题，从而为市场有序运行奠定了基础。

2. 理性约束

随着市场经济的发展，各类市场主体对市场规律的认识逐渐深入，把握逐渐准确，其决策会逐步由冲动型向理性型转变。

理性不仅是市场参与者的一种社会化的文化属性，而且也是一种能力，即依据自我利益的目标和偏好，系统地估价行为的预期费用、效应和满足的计算能力、合理地把握利用资源与信息的能力。理性从经济学而言，是指实现利益目标的能力，这种能力的大小取决于计算者本人的知识与素质，也取决于可供参考和计算的信息质量与规模。在风险不确定和信息不完全的环境中，人们的理性可以由适应性预期模型获得，即从前期的经济信息或传统经验形成有关现实与未来的行为判断与决策，或者运用理性预期模型，形成行为的能力和智慧。现实生活中，当理性有限化时，利益的目标与行动将会受限制——有限的理性与利益目标的结合，生成了追求满意与适度的人；当有限理性的社会不能发现不确定环境中约束欺诈行为的有效机制时，则会生成机会主义的人，也会生成极端利己主义与个人主义的反社会的人，如社会经济中稳定而持久的职业犯罪者。市场主体行为从非理性到理性的转变过程，也就是不断强化自我约束的过程，从而也是有利于市场秩序向有序转化的过程。实际上，在追求利益最大化目标的引导下，市场主体理性的判断和决策力会选择出成本——利益最佳组合的方式，促使社会活动限定在社会抵制力最小的领域。这种理性会抑制机会主义的商业欺诈、寻租、贿赂、道德风险乃至犯罪。

此外，法规制度作为市场活动的行为准则，也是一种强大的外在约束力量。从这一约束的历史过程看，法规制度从不健全到健全，约束范围和力度逐渐加大，法治环境逐渐形成，从而市场秩序也会逐渐优化。

3. 关于市场无序与有序的几点思辨

董辅礽教授曾对市场秩序作过精辟描述，他指出：“市场和市场经济的运行既是无序的又是有序的。市场的无序有两种，一种无序正是市场经济的正常秩序，是市场得以发挥其优化资源配置的功能的必要条件。这就是各市场主体作为独立的利益主体，独立自主地参与市场的活动，彼此竞争，自由进入或退出市场，价格自由波动，要素自由流动，因此表现为无序。但是没有了这种无序性，也就没有了市场的功能，而且也没有真正的市场了。另一种无序则是影响、阻碍市场发挥其功能的无序，即破坏市场正常秩序的无序，如欺诈、不信守合同等。同时，市场又是有序的，这就是，市场和市场经济的运行和发展是有规律的，如价格的涨落中有供求规律在起作用。市场的运作又是有规则的，大家都得遵守；同时又是以法治为基础的，不仅有自律，而且有他律。”这些论见，对正确认识市场秩序极具启迪意义。据此，本书认为：

市场有序是一个历史过程，绝对理想的秩序并不存在，但可以作为不断努力祈求接近的目标我们已经知道，实现了帕累托最优的一般均衡状态是绝对理想的市场有序状态，但这种状态至少需要前文所述的六个前提条件。只有符合那些假设条件，市场机制才可以有效率地分配生产出产品于消费者之间，有效率地配置生产要素于企业和产品之间，从而实现帕累托效率。然而，由于现实经济运行的真实市场条件与以上理想状态中的运行条件相去甚远，而且全社会总福利的高低总是一定的经济效率和一定的经济公平的组合，另外在现实社会中存在着政府干预现象，所以理想的绝对最优市场秩序并不存在，只能作为一个不断努力以求接近的目标。

无序中存在有序，有序中仍有无序，理解有序无序只能从总体性状来把握最为典型的便是价格的涨落和供求的波动。从局部和微观的意义上来讲，这种表现无疑是一种无序，但实际上，当本书从整体客观的角度去理解市场运行时，这种波动却是市场有序运行的促成因素和必然动态。具体而言，市场机制是由竞争机制、价格机制和供求机制等组成的。在竞争的推动下，市场价格的升降和市场供求的增减形成了市场的波动和市场运行常态。市场机制的有序运行在形式上表现出如下一个互为因果的循环系列：

买者间竞争→市场价格上升→供给增加而需求减少；

卖者间竞争→市场价格下降→需求增加而供给减少。

这一良性循环推动经济由非均衡向均衡方向转化，最后促成市场均衡的形成。买者间竞争时，需求大于供给，又由价格上升的反作用而使供求逐渐趋于一致，市场价格不再增长，而是趋向稳定。卖者间竞争时，供给大于需求，迫使市场价格下降，进而调整市场供求态势。当市场供求相一致时，市场价格也不再下降，趋向稳定。

无序可以变为有序，有序也能变为无序，关键在于转化条件。这一条件实际上就是市场制度和交易规则的设计。有市场就有竞争，不规范的竞争若不能得到有效的社会抑制，则个别的机会主义行为便会演化成集体化的机会主义行动，整个交易秩序就会遭到破坏。不规范竞争瓦解市场秩序的原因在于当公认的交易规则不能实现利益差别最大化时，违反这些规则会成为自利的理性选择，所以市场制度的设计应当考虑机会均等与过程公正，也应当考虑自愿服从与强制服从的结合。

市场有序的实现是有条件的，即特定的交易规则与市场制度的遵守和服从带给交易者的利益必须超过其所承受的范围。同时，实现交易者对交易权利平等性和交易利益差异化的追求。反之，当特殊的供求条件使服从交易规则的净利益为负数时，交易者将违背公认的行为标准。交易制度只有在系统的交易规则配合下，才会产生协调交易利益的结果。

对当前无序甚至某些混乱状态，要允许它有一个转变过程，要有一个正确的对策思路。市场秩序的完善不是一朝一夕可以达到的，而是一个动态的、不断发展的过程。发达市场经济国家的实践表明，市场从无序到有序至少有待于以下几个方面条件的实现：一是商品交换关系和商品经济的更大发展，从而使市场深度和广度扩大；二是人们对市场经济规律的不断认识和把握，以及按经济规律办事自觉性的提高；三是完成产权制度改革，重塑市场主体，完善市场法规等。人们不可能消灭这个过程，一蹴而就地达到有序阶段。但应该尽可能地缩短这个过程，创造条件，加速从无序到有序的转化。对此，关键是要对市场秩序演化规律有清醒的头脑、正确的思路和实事求是的对策、措施。

强化法制，加快我国市场从无序到有序的演进通过对市场秩序评价标准的确立和我国市场无序现象的分析，本书认为对我国市场无序运行问题只有“综合治理”“对症下药”，按照市场经济规律的客观要求积极创造条件，才能卓有成效地使其向有序转化，不断接近理想秩序的目标。为此，正确的对策思路至少包括：市场经济发展和市场发育，市场体系和市场机制的健全，现代企业制度的建立和宏观调控体系的完善，市场法治化管理等。因篇幅所限，这里仅就市场法规制度问题简述亟待加强的若干方面。

(1) 产权制度。因为市场交易从根本上说是产权的交易和调整，所以产权能否自由地交易，成为市场交易能否贯彻的基本前提，而一种产权制度要能支持市场交易并维持其正常秩序，就必须使相应的要素产权具有排他性和可让渡性。

(2) 契约制度。契约是双方意志一致而产生相互间法律关系的一种约定，而市场交易是买卖双方意志一致的行为，所以契约之于市场交易的作用就在于通过确立交易各方的权利和义务而使之秩序化。这是因为，在人们之间的市场交易关系和过程愈来愈复杂多变的情况下，离开了契约，市场交易各方的权利和义务就没有确定性，从而市场交易也就无秩序可言。

(3) 货币制度。自从有了以货币为媒介的市场交易以来，各个国家都制定了有关货币的种种法规，这些法规就是货币制度的表现形式。所谓货币制度就是人赖以表现经济价值，彼此进行交易的一种安排。正是有关这些方面的法律规定，才为货币有序有效地充当市场交易的媒介提供了最起码的制度保证。

(4) 进出制度。市场进出指的是市场主体进入或退出整个市场或特定的生产经营行业和地区的行为。市场主体的出行为是推动竞争而制约垄断的力量。一个市场体制越是能够允许比较自由地进出，就越是具有开放性，从而也就越是具有竞争的活力。因此，一个社会就应当尽可能地减少市场进出的障碍而扩大其自由度，以形成竞争性较强的市场结构。

（5）竞争制度。竞争是市场的必然伴侣，同时也是市场有序有效运行的必要条件。为此，竞争本身也必须是有序的。这就要求必须对市场竞争进行规范，制定相应的竞争法规和制度。

（6）产品责任制度。现代市场经济中，大量的交易关系是生产经营者和消费者、用户之间的销售与购买的关系。由于现代科技的发展，出现在市场上的产品和服务的技术性能愈来愈高，其技术结构愈来愈复杂。这就必然造成生产经营者和消费者及用户在市场交易中的信息不对称。这就要求作为第三者的国家制定相应的法规来强制生产经营者对自己生产和经营的产品与服务承担应有的责任。否则，有关产品（服务）质量的责任纠纷就会越来越多，以致影响市场正常秩序。

（7）舆论监督制度。国内外维护市场秩序的实践都证明，社会舆论的监督不失为一种很好的“治标之方”，是一种强有力的、行之有效的监督机制。充分发挥社会舆论包括新闻单位、行业协会、消费者协会和个人的监督作用，就能将市场秩序广泛纳入社会舆论网的覆盖之下。这样，就会提高市场主体的自律意识和交易行为的自我约束能力。当前的问题是要将舆论监督作为一种法规确立起来，使舆论监督者有法可依，执法无虑，敢于大胆行使自己的权力，更好地保护企业的正当经营活动和消费者的利益。

第十章　产业组织政策

导　读

组织政策既是组织理论的应用，延伸或落脚点，也是产业组织学的有机组成部分。它的目标在于建立竞争有序的市场结构，规范市场行为。

产业组织政策是产业政策的重要组成部分，是产业组织理论的应用，也是产业运行实践的指南。它的政策目标是协调竞争与规模经济的关系，建立正常的竞争有序的市场结构，规范市场行为，争取最优市场绩效。

产业组织政策是指为获得理想的市场绩效，实现产业内企业间资源的优化配置，由政府制定的干预或调整产业市场结构和行为的公共政策。其实质是通过协调竞争与规模经济的关系，建立正常的市场秩序。产业政策解决的核心问题是如何在有效竞争和规模经济间权衡，制定出使二者兼容的政策框架。

产业组织政策分类。按其调控的对象和内容可分为：控制市场结构政策，调整市场行为政策，直接改善不合理的资源配置状况政策。

产业组织政策的手段和工具。一是行政指导；二是司法制裁和以法律为依据的政府行政处置；三是经济手段。经济手段可利用的政策工具很多，主要是一些经济杠杆，如财税补贴或减免、借贷及其利息调节、道义劝告（路标计划）、公有公营、公共规制等。

专门的反垄断和反不正当竞争政策出现于19世纪后期。1890年美国在各州反垄断法基础上通过的著名的谢尔曼法，是第一部具有现代法律性质的全国性反垄断法。它确立了产业组织政策的两个基本原则：不得限制公平竞争和公平交易的原则和禁止垄断的原则。20世纪以来，各资本主义国家在反垄断与反不正当竞争政策上有较大加强，都先后制定了反垄断和反不正当竞争的有关法规。只是各国根据不同时期经济情况，政策导向和重点有所不同而已。

各国反垄断与反不正当竞争政策的基本内容一般都包括：禁止独占行为、限制不正当交易、消除不正当交易行为、限制合并与结合行为、对寡占企业的处置等。同时各国都又结合国情确定有例外原则的适用范围。

1980年10月，中国由国务院发布了《关于开展和保护社会主义竞争的暂行规定》，首次提出了反对行政垄断的任务。之后，又相继制定了有关限制垄断价格、制止不正当竞争行为、鼓励组建企业集团、建立和完善统一市场等有关法规政策，但我国市场至今还缺少一部系统的反垄断法，垄断特别是行政性垄断及其所造成的危害仍相当严重。

组织合理化政策与反垄断政策紧密相关。在一定程度上它是从改善市场结构上限制垄断、鼓励竞争的政策，只是合理化政策支持的规模经济内容在反垄断政策中不能充分体现，甚至还有冲突方面。

组织合理化政策的理论依据主要是规模经济性、范围经济性、中介组织的经济性和交易费用理论。

组织合理化政策的主要内容包括：放宽反垄断政策限制，制定企业规模起点，推动企业合并、兼并，鼓励企业相互结合，成立企业集团、企业系列联合体等。

中小企业从多方面发挥着与大企业互补互促的作用，是一国经济振兴的重要力量。因此，多数国家都很重视扶持中小企业的发展。

制定中小企业政策的理论依据：一是中小企业的不可替代性；二是中小企业在竞争中的不利地位。前者说明扶持的积极意义，后者说明扶持的必要性。

中小企业政策的内容。一般包括法律政令的制定，专门机构的管理和引导，资金、技术、订货、信息、管理等方面的援助。

鉴于我国资金短缺、资源丰富、消费需求差异性大、剩余劳动力多等特点，以及现有中小企业散、乱、小、差的状况，加强对中小企业的政策扶持更有必要，意义深远。

政策对市场的直接干预主要表现为公共规制。反垄断政策着眼于市场结构和行为，以促进竞争为导向。公共规制政策则着眼于行业绩效，认为竞争虽好，但有些情况下不可取，这时政府适当干预可能会产生好的绩效。因此，从某种程度上说，公共规制政策可以视为反垄断政策的例外。

政府实行规制的行业，主要是自然垄断行业。这是由该行业的规模经济性、网络经济性、范围经济性、沉没成本大、资源稀缺等特点决定的。此外，国家出自资源保护、防止过度竞争、价格保护等目的，对关系国计民生十分重要的行业、资源性行业、资本密集性行业、国家安全性行业等也进行了某些方面的规制。

公共规制政策的内容。有社会性规制和经济性规制两类。经济性规制主要包括：进入及退出规制，如许可证制度、注册制度、申报制度等；数量规制，如投资规模控制、产量最高限额、最低起点等；质量规制，如制定产品（服务）质量标准和定期检查监督制度等；价格规制，如公正报酬率规制、价格上限规制、下限规制等；费率规制，即从财务角度规制费率水平和费率结构。

公共规制政策的局限性在于：进入规制和数量规制往往导致企业过度的“配额交易”行为；价格规制特别是上限和下限规制有时会压制企业的积极性；由于缺乏对规制有效监督，往往会导致导租行为，滋长腐败；在规制收益和费用之间有时也往往存在着不经济。因此，20 世纪70年代后期，发达国家普遍出现了放松规制的倾向，即主要立足于竞争来改变产业的低效率问题。

中国自然垄断行业的国有制性质和国家直接经营的特殊国情，加之高度集中计划经济的历史背景，情况更为复杂，弊端更为严重，效率之低、浪费之大更为惊人。由此而论，我国产业政策的主要导向应是放松规制，促进竞争。但现实又存在法规不全，普遍违规，有规不循等严重问题，这就要求政府必须加强规制立法和规制管理。但在目前国人市场意识、法制意识淡漠的情况下又可能导致计划体制的“借尸还魂”或“死灰复燃”。

第一节　产业组织政策概述

一、产业组织政策的实质与目标

产业组织政策是指为获得理想的市场绩效，实现产业内企业间资源的优化配置，由政府制定的干预和调整产业市场结构和市场行为的公共政策。其实质是政府通过协调竞争与规模经济的关系，以建立正常的市场秩序。它在产业政策体系中起基础性作用。

产业组织政策解决的核心问题是如何在有效竞争与规模经济之间权衡，制定出使二者兼容的政策框架。一般认为，经济发展时期，强调规模经济；进入发达阶段之后，强调维护竞争。但受克拉克1940年提出的“有效竞争”的理论影响，西方总的政策倾向还是强调有效竞争，并将之作为产业组织政策追求的核心目标。

有效竞争的主要含义，是排除企业提高价格和排斥竞争对手的能力，但客观的量度很难把握。大体来讲，有效竞争标准可以从下述三方面考察：

结构方面：①尽管市场卖主数量不足以完全消除单个企业对价格的影响，但要多到符合规模经济的要求；②企业规模比较均等，单个企业不能操纵市场；③不存在人为的企业进退市场的障碍。

行为方面：①企业独立作出价格、产量、营销决策，不存在串谋；②企业不能用提高效率以外的方法来消除和排挤对手。

绩效方面：①利润不高于从事同等风险程度的其他行业的水平；②促销开支和产品差别化程度在适度范围之内；③企业经营具有效率，不能长期保护无效率企业；④企业对技术进步能及时做出反应。

这三方面的标准仍较模糊，所以实际制定政策时往往引起争论，但又不得不将这些方面作为判断的出发点。

确定组织政策目标的主要依据包括：国家的基本经济制度、发展战略、产业组织状况等。

二、产业组织政策分类

按其调控的对象和内容，可分为：

1. 控制市场结构政策

（1）改善市场结构政策。如降低集中度，分割垄断企业，减少进入壁垒和不合理的产品差别化等。

（2）预防形成垄断性市场结构政策。如建立合并预审制度，扶持中小企业等。

（3）对某些企业实行直接规制，防止过度竞争。

2. 调控市场行为政策

即对企业行为进行监督、控制、协调，以维护市场竞争的公平性，预防和控制垄断势力蔓延。

（1）禁止、限制企业共谋，卡特尔及不正常价格歧视。

（2）政府和公众监督。

（3）对欺诈、行贿、中伤竞争者的多种商业行为进行控制和处置。

3. 直接改善不合理的资源配置政策

（1）政府直接补助开始盈利不高的新兴产业。

（2）用立法或行政垄断方式禁止滥用稀缺资源。

（3）政府财政直接投资于某项重大工程或产业等。

综合各国的实施情况，上述各类政策的内容，一般可概括为四个方面，即：

（1）反垄断和反不正当竞争政策。

（2）规制政策。

（3）扶持中小型企业政策。

（4）组织合理化政策。

三、产业组织政策的手段

政策组织手段也是三类：

1. 行政指导

主要通过中介途径（如协会、媒体）发布信息，使企业了解政府计划、政策意图，以及紧急情况下必要的行政干预。

2. 司法手段

包括直接的司法制裁和以法律为依据的政府行政处置。这是最基本的和普遍的。各国实施的主要有反垄断法、反不正当竞争法、价格法、公共管制法等。

3. 经济手段

主要运用财税杠杆和货币杠杆对经济行为进行刺激和约束，对市场结构进行调整和改善。这类手段使用很复杂，往往与产业结构政策、社会福利政策、宏观调控政策结合使用，要求政策主体有较高的理论政策水平。

经济手段可利用的具体政策工具很多，主要指一些经济杠杆，并且往往需要综合运用，充分考虑它们之间的相互关系和影响，正确分析预测其政策效果。这些杠杆有：①财税补贴或减免。包括补贴、公司利润税、超额利润税、利息免税、关税、专项基金扶持。②信贷及其利息调节。③道义劝告（路标计划）。虽然不太正规，但日、美较常见，即以劝告方式告诫企业兼顾公共利润。20世纪60年代美国推行的一种“路标计划”，明确表明政府期望的工资和价格行为，以控制当时成本推进的通胀，要求生产率增长超过全国平均水平的行业降低价格，低于的行业可以提价；工资方面，以行业平均生产增长率作为增长目标，同时允许依劳动力市场条件的非正常变化有所偏离。政府对遵循“计划”的行业和企业予以表彰鼓励，对不接受劝告者有时予以撤销订货合同和补贴的威胁。虽然不强制，只作“指南”，但也取得一定效果。④公共所有。当市场机制不能有效作用时，公有并公营也是一种选择。形式可以是政府垄断某个行业，或与私营并存竞争，也可以对私营企业国有化，或建立新的国有企业。可以由政府部门直接经营管理，也可以任命高层经理并授予企业充分自主权。公有或政府垄断的理由是既可获得规模经济，又可防止垄断定价的弊端。美国政府承担或部分承担的行业主要是：供水、电力、地区性运输服务、垃圾处理、公共住房、邮政、医院、学校、实验室等。其他工业化国家，政府在铁路、空运、广播网络、电力和煤气设施、电话电报等行业公有和公营的程度较高。有的还积极参与钢铁、汽车、飞机、石油、煤炭等行业的生产经营活动。⑤公共规则（管制）。除对价格管制外，还包括对企业进退、服务标准、财务结构、核算方法、产品质量、安全标准、环境污染、稀缺资源利用等方面施加影响或直接干预。⑥对产品质量、卫生、标准、企业广告、促销、不正当交易行为等方面的经济性制约或惩处。

第二节　反垄断与反不正当竞争政策

2000年，美国两位学者的研究表明：同等条件下，自由竞争市场经济增长率高于垄断市场2.72个百分点；垄断市场相对工资水平高于自由竞争市场60%，自由市场劳动生产率相当于垄断市场的4.6倍，垄断市场上消费品相对购买价格相当于自由竞争市场的4.3倍①。

理论上可将垄断类型分三类：

（1）经济型垄断。包括：①市场支配地位或滥用优势地位；②通过合并获得市场控制的行为；③合谋、垄断协议瓜分市场（通过价格、产量、投标等）。

（2）行政性垄断。包括：①政府垄断：电力、民航、金融新闻；②部门；③地方；④差别待遇（三资国企）。

（3）自然垄断。如铁路、电信、电力、天然气、自来水等行业的网络设施。

一、反垄断和反不正当竞争政策的历史

专门的反垄断及反不正当竞争政策出现于19世纪后期。时值欧美诸国步入垄断资本主义阶段，垄断势力的加剧及其导致的尖锐矛盾成为当时涉及资本主义世界的主要方法。如在美国，1879年出现第一个垄断性托拉斯——标准石油公司，至19世纪末，短短20年中，相继出现了一大批托拉斯，其产值已占同期制造业产品总值的2/3，为克服垄断弊病及造成的危机，各国纷纷研究制造反垄断政策。

1890年美国在各州、各行业反垄断法案基础上，通过了著名的“谢尔曼法”。

这是第一部具有现代法律形式的全国性反垄断法。共8条，最重要的是第1、第2条。第1条：任何以托拉斯，或共谋，或其他形式联合起来，限制几个州内的或国外的贸易或商业活动的契约，都被宣布是非法的；第2条：任何人执意垄断，或试图垄断，或同其他任何人共谋或结合起来去垄断几个州内的，或同外国的贸易或商业活动的任何部分，必定是犯罪或不端。这两条确立了产业组织政策的两个基本原则：即不得限制竞争和公平交易的原则和禁止垄断的原则。

---

① 胡鞍钢，过勇．从垄断市场到竞争市场：深刻的社会改革［J］．改革，2002（1）．

之后美国颁布的一系列反垄断法案及修正案，以及行业性反垄断法令，其主要宗旨仍是限制垄断，维护竞争，但从里根政府开始，反垄断政策及执法发生逆转，出现了向全面宽松方向发展的趋势。

20世纪以来，各资本主义国家在反垄断及不正当竞争政策方面有较大加强。英国先后颁布了《私有财产习惯法》《垄断和限制性惯例实施法》《限制性贸易惯例法》《竞争法》等。原联邦德国有反对限制竞争法（1958年生效）。早在1909年还颁布了《反对不公平竞争法》，意在反对不正当行为，先后修改六次并沿用至今。体现法国竞争政策的法律是1945年制定的“价格法令”，1953年的“卡特尔禁令”和1977年的“控制经济力量集中和对违反卡特尔滥用支配地位的制裁手段的法律”。

日本在“二战”后，四大财阀势力垄断了日本的钢铁、煤炭、化工、造船等产业的1/2以上，直接掌握的工业公司30余家，间接控制的1000余家。对此，美国占领当局历时2年制定了《禁止垄断法》（1947年）和《经济力过度集中排除法》（1947年），初步确立了日本的反垄断政策体系，对财阀和统治性集团成功地进行了强制性解散。至1953年日本为促进规模经济和专业化生产，提高国际竞争力，对该法进行了较大修改，明显放松了反垄断控制，并成为其后20年组织政策的基本倾向。修改的主要内容：①放松控制卡特尔；②放松控制企业集中（允许一定条件下的控股、兼并、合并、转让业务）；③放松控制垄断，取消分割企业的规定；④允许实行再售价格控制制度，允许大企业控制零售价格，以利控制市场。进入70年代之后，随着政治经济形势的根本变化，日本又开始强化反垄断措施，并将之作为组织政策的主体。特别是1977年国会通过的反垄断法修正案是明显标志。修正内容：①增加对违反卡特尔行为得以重罚的新规定；②恢复了最重要的反垄断措施——分割企业；③加强对控股的限制，禁止成立以控股方式控制其他企业为主要活动的控股公司；④增强公正交易委员会的调查监督权，防止秘密价格卡特尔或暗中价格融合。近几年，随着国际竞争加剧，日本企业国际竞争力削弱，政府于1997年决定修改《禁止垄断法》以调整结构，促进多文化经营。其向国会提出的修改案将允许企业自主组建控股公司，解除50多年来禁止设立控股公司的禁令。各国反垄断的历史时紧时松，最近二三十年总趋势是向宽松发展。

二、美、日、德反垄断和反不正当竞争政策的内容

各国反垄断和反不正当竞争政策的基本内容，一般包括：禁止独占行为，限制不正当交易，惩处不正当交易行为，限制合并与结合行为，对寡占企业的处置。但由于各国经济发展水平和体制上的差异，其政策内容和重点也不尽相同。

1. 美国反垄断和反不正当竞争政策的主要内容及特征

美国的反垄断政策较为完善，通常以专门的反垄断法规为基础。联邦最高法院是反垄断的最高仲裁机关，联邦司法部是主要执行机构。另外，还根据不同产业分类，设置许多独立于行政部门的专业委员会，专门贯彻执行反垄断新政策。如联邦通信委员会，州际商业委员会等。

（1）美国反垄断政策的主要内容。①分割已形成的垄断企业。目的在于降低其市场占有率，这是美国最具强制性和影响深远的反垄断手段。著名的分割案例，如1945年美国铝公司案。该公司长期控制90%的国内市场，最高法院以此为由强行裁决分割为数家独立公司；1984年美国电话电报公司垄断案，裁决分解为22家独立公司。②通过反垄断性兼并法规，限制企业横向或纵向兼并，防止生产过度集中而形成垄断。这是从控制市场结构方面实施的反垄断政策。③限制共谋行为，鼓励价格竞争。主要针对行为是价格卡特尔。④禁止非法的价格歧视行为。⑤禁止搭售与排他性交易。

（2）美国反垄断和反不正当竞争政策的特征。①把“原则禁止”作为主要的指导性原则，即认定只要有结合和共谋就是不正当的，就要限制或禁止。同时，将“弊端禁止”作为其实行控制的辅助指导性原则，即认定只有当结合和共谋确实限制了竞争，造成种种弊端时，才应当限制或禁止。②在反垄断的控制方法上，主要从行为控制转向

行为控制与结构控制并重。由于合并审查这一制度能够禁止垄断于萌芽状态，因而特别受重视，并被视作反垄断政策的预防原则。③逐步建立了一套有关数量指标体系，以此作为判断的重要依据。如市场份额控制指标，企业规模的绝对控制指标，专买专卖协议方面的控制指标等。

2. 日本反垄断和反不正当竞争政策的内容与特征

日本较系统的反垄断和反不正当竞争政策是“二战”后从美国引入的。当时美占领军强制推行一系列以解散财阀为主的“经济民主化措施”，其后几经变化，时严时松。

(1) 主要内容。1977 年修改过的“禁止私人垄断和确保公正交易法”，集中反映了日本现行反垄断政策的基本内容和原则。宗旨是促进公正自由地竞争，保护消费者利益，促进国民经济民主、健康发展。

反垄断法主要禁止、限制和控制的对象是：单独或共谋的私人垄断，一定数量指标反映的垄断状态、不正当交易限制、不公正交易方法、控股和兼并、一定数量标准范围之外的价格共同上涨及从业者团体行为。

反垄断法控制的主要办法有：当企业合并、购股、转移业务、涨价、签订国际协议、成立从业者团体等达到一定标准时，必须申请或呈报，认可后方可行动；禁止私人垄断、违法兼职及占有股份；明确例外原则的实施范围和条例；增加公正交易委员会职权；劝告终止违法行为；罚款、监禁、赔偿，解散违法团体、分割企业等。

(2) 政策特征。注意将反垄断政策的研究、制定、实施与国情、阶段发展目标紧密结合，与产业合理化政策协调配套，兼顾规模经济利用和竞争活力的发挥，具有相当的灵活性与针对性。

注意从市场结构、行为、绩效多方面控制，充分吸收美国等的经验教训。

注意尽可能使控制指标量化，提高政策的可操作性。特别是对垄断状态判断和合并审查制度，更加重视数量指标。

为鼓励竞争而积极抉择中小企业。“二战”后日本有别于欧美的一个显著特点，就是中小企业在国民经济中始终占有重要地位。

3. 反垄断和反不正当竞争政策的例外原则

各国按照国情，出于不同目的，都有自己的例外原则，只是例外的适用范围不同。

（1）美国例外原则的适用范围。特殊产业：具有自然垄断性质的公共事业，如铁路、通信、电力；容易波及发生过度竞争的产业，如农业、零售业等进入壁垒低；自然资源开采业，具有一定的自然垄断特点，进入壁垒也低。

特殊组织：最具代表性的是工会。如 1935 年制定的“全国劳资关系法”规定：工人可以组织起来加入工会，有权订立集体协议和从事其他形式的统一活动。

某些特殊的活动和协调：允许小企业研发和利用资源的协调活动；政府批准的与外国竞争的企业协调活动；特殊紧急状态下暂停实施反垄断法（如战争）。

（2）日本例外原则的适用范围：①具有自然垄断性质产业的生产和销售；②特别法律规定的情况，如机械工业振兴法规定：在一些场合下必须协调生产等；③依著作权法、专利法、实用新设计法、商标法承认的无形财产权的行使行为；④法律规定可以成立的各种组合，主要指小规模从业者或消费者以互相扶持为目的的自愿平等组合，但不得有实质性的限制竞争和不正当交易；⑤没有损害消费者，并由公正交易委指定的再售价格的决定和维持行为；⑥为克服经济不景气，经主管大臣同意和公正交易委认可的企业合理化中的共同行为。

德国是率先对不正当交易立法的国家，并以反不正当竞争法和反垄断法并行的体例影响了一大批国家。其法律内容主要规定在《反不正当竞争法》（1896 年制定，1909 年修订）和《反限制竞争法》（1957 年通过，其后至 1990 年作过 5 次修改）1923 年制定《卡特尔条例》，是其第一部反垄断法。

(3) 联邦德国的立法过程和例外原则的适用范围：①具有自然垄断性质的产业；②“合法的卡特尔”、专业化卡特尔、合理化卡特尔、结构危机卡特尔、中小企业合作卡特尔、采购协作卡特尔（对中小企业）、进口卡特尔（防止进口时自相竞争）、部长特批卡特尔（如1958年出于政策考虑批准成立的煤油卡特尔）。

西方各国反垄断和反不正当竞争政策在促进竞争、制止企业不端行为、维护公平自由交易和市场秩序、推动技术进步和创新活动、保障消费者权益和国民经济健康发展等方面的积极作用是显而易见的，但也存在一定的局限性，如对规模经济的损害、认识上的难统一、控制标准的难判断、管制证据的难取证等。

三、中国反垄断和反不正当竞争政策概况

1. 中国反垄断和反不正当竞争政策的沿革

1980年10月国务院发布了《关于开展和保护社会主义竞争的执行规定》，首次提出了反对行政垄断的任务。

1987年9月国务院发布了《中华人民共和国价格管理条例》，规定禁止企业间或行业间组织商定垄断价格。

1987年国家体改委和经委联合发布的《关于组建和发展企业集团的几点意见》，指出必须遵循鼓励竞争、防止垄断的原则。同年国务院还发布了《广告管理条例》，规定禁止垄断和不正当竞争行为。

1988年1月国务院发布了《重要生产资料和交通运输价格管理暂行规定》指出：禁止企业、行业垄断市场价格，凡哄抬价格、串通商定垄断价格的行为，均属违法，必须严格查处。

1989年12月1日生效的《反不正当竞争法》，1993年12月发布了《关于禁止公用企业限制竞争行为的若干规定》，均禁止政府及其部门、公用企业及其他独立的经营者限制竞争的行为。

1992年，国务院颁布的《全民所有制工业企业转换经营机制条

例》，提出打破地区部门分割和封锁，建立和完善平等竞争、规则健全的统一市场。

此外，政府还多次颁布清理整顿公司的决定，要求打破地区封锁、部门分割，禁止党政机关办公司。

我国有关市场的法规政策对促进竞争、公正交易等方面虽起到了积极作用，但与发育市场、维护市场秩序的要求还相差甚远，还有很多不足：①迄今缺少一部系统的反垄断法，以致在制裁不正当垄断行为时因政府过多干预而无能为力；②大部分行政性政策出自国务院各部委，权威性不够，其中许多没有法律责任规定，以致约束力较弱；③大多数行政法规执行机构是工商行政管理部门，自身的权威性、独立性不够，又经常为地方保护主义所左右。

2. 中国加强反垄断立法的必要性

垄断的弊端和危害。垄断是市场经济的必然产物，其弊端和危害可以从经济性垄断和行政性垄断两种类型给予考察，但就我国目前状况看，尤其以政府垄断为甚且危害最大。

行政性垄断是指政府或具有某些政府职能的行政性公司，凭借行政权力排斥、限制、妨碍市场竞争，以便对市场控制和操纵的垄断行为。我国的行政垄断产生于计划经济体制之中，是一种典型的超经济垄断，渗透进各类市场，影响深远，危害极大。具体表现形式有：地区垄断（封锁市场），行业垄断（限制其他行业参与竞争），强制联合限制竞争（如强制兼并等），行政强制交易行为（如限定购买指定商品等）。

危害：①破坏市场统一；②侵害市场主体合法经营权；③侵害消费者利益；④扰乱国家行政秩序，干扰政治体制改革（本质是权钱交易）；⑤导致整个经济的低效率商品短缺、不正之风盛行等，是现阶段我国垄断行为的种种表现。

除行政性垄断外，现阶段我国的其他垄断行为也较为明显：①经营者之间协商定价，限制价格竞争；②经营者之间协商联合限产，以维持高价；③经营者之间协商联合抵制竞争对手；④经营者之间协商联合拒绝新企业进入市场；⑤经营者之间协商划分市场，限制彼此竞争；⑥经营者之间串通对工程招标商定相同的最低报价，以共同损害招标人利益。

联合串谋的组织形式多以“协会”“联谊会”“协调会”“恳谈会”的形式进行。

第三节　组织合理化政策

产业组织合理化政策是政府为避免过度竞争，利用规模经济性，促进生产集中，增强国际竞争力，以企业规模生产、企业合并、改组为主要内容的组织调整政策的总称。

组织合理化政策与反垄断政策紧密相关，一定程度上是从改善市场结构方面来限制垄断，鼓励竞争的反垄断政策，只是合理化政策支持的规模经济内容在反垄断政策中不能充分体现，甚至还有相冲突的问题。

一、产业组织合理化政策的理论依据及其适用条件

1. 理论依据

规模经济性。主要为企业规模扩充、水平合并、实行大企业体制和促进生产集中提供理论说明。水平合并的动因是追求规模经济，表现为大量购销的经济性、融资的经济性、研发的经济性、大规模管理的经济性、强大影响力的经济性。

范围经济性。可以为企业复合合并提供理论说明。复合合并的动因是范围经济。一般来讲，在一个企业里同时生产多种产品比多个企业生产单产品能达到更低的生产成本。因为这样可以更充分地利用企业通用性固定资产、无形资产、管理经验等资源，也可分散风险。

交易费用理论。可以为企业垂直合并作出说明。企业垂直合并的直接动因之一是节约交易费用，包括信息收集、寻觅对象、谈判签约、监督履约、违约惩罚等。由于双方信息不对称、机会主义、有限理性等原因，交易费用总量不断上升，而垂直合并则可把交易关系转为企业内部管理关系，清除利益对立，从而降低交易费用。当然会同时增加一些管理费用，这需要权衡二者的大小。

中间组织的经济性。为企业集团、联合体的设立提供依据。企业合并的规模过大也会造成不经济性，如筹资困难、管理困难、组织僵化、利益刺激钝化。若利用资本、技术、人员等纽带建立长期稳定的经济联系，这种独立企业间的组织形式称为“中间组织”，如集团、联合体、一体化组织等，它介于企业和市场之间，既可节约交易费用，又可规避机构庞大的不经济性。

2. 适用条件

产业组织合理化政策是日本在20世纪五六十年代提出并付诸实践的。日本当时的状况是：市场经济体制已确立，“贸易立国”方针已提出，并颁布了贸易与外汇自由化大纲，宣布从保护体制向自由体制过渡，经济结构开始从轻工业向重化工转变。但当时的重化工企业却面临两大难题：一是规模过小，成本过高，无力与欧美竞争；二是国内过度竞争，影响规模扩大和技术进步。因此，日本明确了实行大企业体制和提高生产集中度的产业组织调整方向，后来确实对经济腾飞起了关键作用，人们将这一经验总结为产业组织合理化政策。从日本的情况分析，这一政策的适用条件至少有三：①处于工业化重化工阶段的后进国家；②企业规模过小，未达到规模经济要求；③市场分散，存在过度竞争。

这些特定经济条件说明，各国因经济背景、状况不同，组织政策的导向应也不同，组织合理化政策的内容和力度，范围也应因国制宜、因行制宜、因地制宜、因时制宜。如美国历来偏重于反垄断政策，但事实上仍是企业规模最大、市场集中度最高的国家，这说明美国企业有实力、有动力进行组织扩张和兼并，无须政府推动。再如日本，进入低速增长，扩大内需阶段后，合理化政策已较淡化，反垄断政策逐渐强化，因为企业大型化和生产集中已达到相当程度，不再是政府关注的中心问题。

二、产业组织合理化政策的主要内容

放宽反垄断政策限制。如日本国会针对 1947 年美占领军主持制定的严厉的反垄断法（解散财团等）造成的国际竞争力下降的影响，曾多次修改该法，特别是 1953 年的修改，极大缓和了严厉程度：放宽了卡特尔管制，撤销了部分禁止条款；放宽了对企业合并、结合的限制，如银行对企业持股从 5%放宽到 10%；放松了垄断状态管制，撤销了强制分割垄断企业的条款；扩大了非适用范围，如认可零售价格维持制度。放宽后，日本五六十年代掀起了合并、结合的高潮，三菱、三井、住友等旧财阀纷纷复活，重组为企业集团；三和、芙蓉、第一劝业银行，三大新兴集团及丰田、松下、日立、新日铁等独立企业系列都在此期间逐步形成。

制定企业规模起点。主要防止企业规模过小的问题。

推动企业合并、兼并。提高技术开发水平和国际竞争力。典型的合并，如日本 1968 年八幡和富士两家钢铁厂的合并，并前两者处于日本第一、第二位，居世界第四、第六位，合并后的新日铁成为世界首位。占国内产量的 44%，超过了垄断状态标准（30%）。但在政府压力下，还是批准了合并。

鼓励企业互相结合，成立企业集团，企业系列联合体。如日本有六大企业集团，十大企业系列，对建立大企业体制，促进大中小企业协调发展起了重要作用。日本政府在必要时还直接资助企业改组、结合。1972 年设立“促进电子计算机补助金”，以 570 亿日元补助为条件，将六大电子企业改组为三大电子集团，实现了电子计算机工业的集中生产，加强了与美国 IBM 公司的抗衡力量。

第四节　中小企业政策

扶持中小企业，“按产业组织合理化”概念讲，应包括扶持中小企业政策，但多数著作对这一概念的界定皆突出“规模经济”目的，这似乎又与中小企业扶持政策相左。故本章将中小企业单列。

中小企业从多方面发挥着与大企业互补互促的作用，是一国经济振兴的重要力量，甚至在某些国家或地区成为振兴的主体。

一、中小企业政策的理论依据

中小企业的不可替代性。中小企业是相对于大企业而言的规模较小的企业，划分标准可以是职工人数、产量、产值、销售额、资本金、总资产等。我国以产量、产值作标准，国际上一般以人数作标准。大中小的划分各行业也有差异，如制造业，美、法、原西德以职工平均人数500人以下为中小企业，英、韩是200人以下，日本300人以下。

中小企业在国民经济中不仅具有重要地位（如日本1981年中小企业占企业总数的99.4%，人数占总职工人数的91.4%），而且从各国大中小企业始终存在的结构演变规律看，中小企业还有其不可替代的作用。这是由下列条件决定的：①需求的多样性、分散性；②原料的地方性；③专业化协作的客观要求；④充分就业的要求；⑤保持竞争性市场结构的必要性。这说明扶持中小企业的积极意义。

中小企业的不利地位。

它在与大企业竞争中处于不利地位，主要表现在：①筹资条件和筹资成本；②员工素质及稳定性；③原材料采购的价格谈判能力及稳定性；④获取信息的条件和能力；⑤技术开发能力；⑥产品市场支配力和影响的差别。这说明扶持中小企业的必要性。

企业规模结构效益（大中小协调配套）。

二、中小企业政策的内容

中小企业政策包括法律政令的制定，专门机构的管理和引导，资金、技术等方面的扶持和援助等。

1. 制定法律、政令扶持中小企业

这是从根本上对中小企业合法地位和权益的保护。

美国众参两院都设立有中小企业委员会，专门起草、修改中小企业法规，使国会通过了一系列有关法律。如《1953 年小企业法》《机会均等法》（1964）、《小企业经济政策法》（1980）、《准时付款法》（1982）。

日本中小企业法规更完备。主要有《中小企业安定法》（1952）、《中小企业振兴资金扶助法》（1956）、《中小企业基础法》（1963）、《中小企业现代化促进法》（1967）等，这些法律既是对中小企业的直接支持，也是对大企业滥用市场支配力的限制。

2. 设计政府专门机构管理中小企业

美国设立有小企业管理总局，作为独立的联邦政府机构，下设十个分局于十大城市，分局下设 100 多个地方机构，遍布各州、市、县。

日本在通产省设立中小企业厅，并在九大城市派出办事机构，中央政府还设有中小企业政策审议会等，县、市、町地方政府也设有中小企业课等机构专司管理及各种审议会作为咨询机构，还有中小企业信用保证协会、承包企业振兴协会、中小企业综合指导所等，具体帮助中小企业。

3. 资金援助

政府主要做法有：①为其向民间银行贷款提供信用担保；②直接向其提供贷款；③认购其发行的股票、债券。美国小企业管理局通过它资助的小企业投资公司提供上述三项资金援助；日本设有专门的政府金融机构执行上述援助，还有地方政府设置的“中小企业信息保证协会”。日本政府还为促进中小企业设备现代化制定了设备租赁制度。

4. 管理技术、信息援助

包括：①政府引导；②经营管理诊断、咨询；③业务培训；④提供信息。

5. 帮助中小企业获得政府订货

政府需要各种商品和劳务，是国内市场的大买主。中小企业管理机构及协会通过参与政府采购计划制订、推荐中小企业名单，出具中小企业胜任资格证书，敦促政府向中小企业订货，并保证占有一定比例（美国大体在采购总额的25%~30%）。

6. 改善中小企业交易条件

中小企业（特别是下设企业）与大企业交易中处于不利地位，往往被迫接受苛刻条件。对此，政府采取的保护措施有：

防止大企业拖欠贷款。美国有《准时付款法》，日本有《防止承包贷款延迟支付法》。

防止大企业随意削减订货。日本的《承包振兴法》规定大企业不得以低于减产率的比例削减对中小企业订货。

防止过度竞争。通过中小企业组合等形式将其组织起来，建立统一订货制度，避免过度竞争。

防止交易欺骗和纠纷。

7. 改善中小企业组织结构

提供法律依据，避免涉嫌违反卡特尔法。同时又通过制定“中小企业安定法”，将其卡特尔视作例外。

引导中小企业合并，或共同投资组建新企业，使之达到最小经济规模。

指导、调整企业的专业化协作。

组建中小企业集团或行业性、地方性团体，协调其联合行动。

限制大企业渗透。

三、加强我国中小企业政策扶持的必要性

能创造更多就业机会。同样资金，中小企业可以比大企业多吸纳2

倍的劳动力。

能更好地利用地方资源。我国资源分散，农产品更分散。

有利于同大企业配合，分工协作。

中小企业也是科技创新的生力军。

改善市场结构，防止垄断，促进竞争。

第五节 公共规制政策

政府对市场的干预有两种方式：间接干预主要是通过制定实施反垄断法；直接干预则主要表现为公共规则（或称公共管制、直接规制）。前者着眼于市场结构和行为，以促进竞争为导向；后者着眼于行业绩效，认为竞争虽好，但有些情况下既不可能，也不可取，这时政府的适当干预可能会产生对社会有利的绩效。可见公共规制政策基本上是反垄断政策的例外。

一、自然垄断产业的特点与政府对其公共管制的原因

1. 自然垄断产业特点

自然垄断产业，是指因生产、分配、联通、消费方面的规模经济效益、网络经济效益、范围经济效益、沉没成分、资源稀缺等原因，使企业被限定为一家（自然垄断）或少数几家（自然寡头垄断）的产业。这些产业即反垄断法例外原则所适用的大部分产业。其主要技术经济特点是：

产业在提供产品或服务时形成了庞大的网络系统，对规模经济性要求高。大部分公用事业，如电力、煤气、自来水、热力和电信供应等。这些产业的网络供应系统需求越多（消费者），投资规模越大，每一用户分摊的固定成本越少，因而越能收到规模效益。若变成两套以上的系

统，虽有利于竞争，但必然是社会资源消费。

产业生产时期有极大的范围经济性。范围经济是指联合生产比单独生产更能降低成本。如热电厂集中供电、供气比单独由电厂和热气厂分别供应更能降低成本。可见只有独家经营才能利用范围经济性。

产品或服务基本技术经济标准的统一性。大多数公用事业领域内必须统一标准。不然，所谓联合生产、联合销售及联合配送势必会遇到不可逾越的技术障碍。如电力产业，各电力公司在供电电压、额定功率等方面如果不统一标准，必然导致混乱、重复建设。

固定成本的沉淀性。这种产业固定资产规模大、寿命长、专用性强、转移难，竞争结构会造成巨大的成本沉没。

此外，有的行业产品单一性强，几乎没有差别，更没有相近的替代品，还有的行业受特定自然资源的限制或市场容量很小等，也不适宜企业自由进入和竞争。

2. 政府实行公共规制的原因

政府实行规制的行业主要是自然垄断行业，但也不尽然，还有关系国计民生十分重要的行业、资源型行业、资本密集型行业、国家安全型行业等。综合对这些行业规制的理由，主要有：

自然垄断。自然垄断情况下，大企业具有显著成本优势，独家垄断局面一旦形成，小企业或被迫破产，或被兼并，消费者处于不利地位。但又不能破坏自然垄断的规模效益（如前述），只有进行规制。规制的困难主要是定价原则，垄断企业要求实行垄断价格，社会利益要求按边际成本定价。美国采取妥协政策，即公共事业按平均成本定价（低于垄断价，高于边际成本价）。

资源保护。主要针对稀缺资源，如无线电频谱、不可再生的资源。规制办法主要控制“进入”，实行许可证制度。

防止过度竞争。自然垄断行业的关键问题是缺乏竞争，因而规制的核心是限定最高价格，但有些时候也可能出现破坏性竞争或过度竞争，这时的规制任务是限定最低价。对过度竞争规制的理由：①这些行业通常存在巨额的高度专业化的固定资产，而运行成本却相对很低，如铁路。若平行的运营线路发生价格大战，大家都会受损失。②全面降价后必然削减服务质量和改进各方面的支出。③一旦竞争导致串谋，服务质量下降，政府必须干预。

防止价格歧视。不是因为成本差而对不同消费者收取不同价格，表明企业有控制市场的能力，消费者需求弹性不同。电话行业可提供价格歧视的典型例子，就基本电话服务费率讲，企业用户比居民要高。若政府不管，电话公司会尽量扩大这种差价，因为企业需求的价格弹性低。电价也是如此。

二、公共规制政策的内容

公共规制政策的内容主要指在自然垄断产生，为了防止发生资源数量的低效率和确保使用者的公平利用，政府机关依其法律权限，通过许可和认可等手段，对企业的进入和退出、价格、服务的数量和质量、投资、费率水平、费率结构等加以规制。这种直接规制亦称经济性规制。此外还有社会性规制，如产品（服务）的安全性、卖方提供信息的可靠性、企业经营对人类及生态的影响等方面的规制。本章主要讨论的是经济性规制，涉及内容主要包括：

1. 进入及退出规制

进入规制是直接规制政策的最主要内容，是指在自然垄断行业中，从确保规模经济、范围经济效益出发，特许一家或极少数几家企业加入，而限制其他企业参加。根本目的是限制过度竞争。主要手段：①特别许可：颁发许可证或下达许可文件；②注册制度：通过资格审查决定是否允许进入，够资格者颁发营业执照；③申报制度：拟进入者要按政府规定的特定格式的申报文件和程序进行申报，受申同意后方可进入。

退出规制，主要针对特许企业停、转、减产或兼营、歇业解散等情况，为保证稳定供给而采取的有关制约措施。

2. 数量规制

指为防止投资过多、过少或产出过多、过少，造成价格波动和竞争过度而采取规制政策。主要内容有：

投资规制。主要是投资规模控制和项目审批制度。手段包括：重大投资计划审批制度；有关产业投资数量限额，单个企业最低或最高投资项目规制；投资计划配额等。

产量规制。即对有关产业产品产量和提供服务量直接规制。如建立有关产业产量的指导计划；规定单个企业最低产量起点，激励产量增长；或在产出过多时规定某产业整个产量的最高限额，并对各企业实行产量配额。

3. 质量规制

主要防止自然垄断企业提供物品和服务质量下降，而建立质量标准及不同档次体系，以保障消费者权益。包括：

制定有关产品和服务的质量标准和质量规范制度，规定最低限度的质量标准体系。

对产量和服务质量定期检查、监督制度，包括政府有关部门、媒体、消协、消费者的监督。

对所谓伪劣产品（服务）的处罚制度。

4. 价格规制

为防止企业垄断定价，保护大众利益，政府必须对特许企业和特殊产品服务加以价格规制。从资源有效配置角度，产品价格应按边际成本定价。但在自然垄断行业，边际成本呈递减趋势，低于平均成本，按边际成本定价企业会亏损。如果给予财政补贴，会造成长期财政负担，降低企业改善经营的积极性。比较可行的办法是“平均成本定价法”，即“平均成本加利润”。具体是通过核定企业一定时期（一般三年）总成本来确定平均成本；利润则按资本机会成本，也称公正报酬，是与长期贷款利率相适应的水准，参照长期贷款利率加以确定。价格一旦审定要求量稳定，变动时仍需政府批准。这种规制方式也叫“公正报酬率规制”。此外，还有价格上限规制、价格下限规制等方式。

5. 费率规制

这是从财务角度对价格的一种间接制约，是价格规制的基础。大多数情况下，企业都是以成本上升为由而要求提高价格或收费标准。所以价格规制必须与费率规制相结合。费率规制可进一步分为两个次类：

费率水平规制。费率水平可能因加强管理或技术进步而降低，也可能因管理不善或原材料、设备涨价而上升。政府通过财务审核，在符合会计制度的基础上，进而按照“公正报酬”原则确定其费率水平，确保其总收入水平达到可获得正常资本收益率的程度。

费率结构规制。费率水平确定后，还需根据时间、地点、购买者类型、交易规模等对费率结构进行调整，以体现“公正、合理”的原则，防止“价格歧视”。这涉及“高峰负荷定价”“分级费率”、支出项目及金额的合理性、“批量优惠”等问题。

三、公共规制政策的局限性

进入规制和数量规制往往导致有关企业间过度的“配额交易”行为，从而使得资源配置状态难以达到预期目的。如未进入者往往公开或暗中收买进入者的有关进入特权。出租汽车的营业执照就是典型。再如获得产量配额者与未获得者秘密订立产量配额转让协议。

价格规制，特别是上限和下限规制，有时会在压抑部分企业的积极性，从而阻碍资源使用效率的不断改善。对受上限限制的企业而言，会减弱技术进步和改进管理的愿望；对受下限限制企业而言，因有利润水平的保障条件，也不太愿意为技术进步而承担风险。

由于缺乏对规制者的有效监督，往往会导致“寻租”行为，滋长政府官员腐败。寻租，即通过种种手段获取“非直接生产利润”。

在规制收益与规制费用之间，有时也往往存在着不经济。直接规制要求政府设立专门机构，增加诸多官员，支出很多行政费用，甚至会超过可以计算的规制收益。如在价格规制行业中，往往要对各企业整个价格的制定进行监督和极其繁杂的核算，耗费大量人力物力，而收到的社会收益往往是不确定的。

由于规制政策的诸多局限，加之技术的突飞猛进使自然垄断产业经营效率发生了变化，因此从20世纪70年代后期开始，发达国家普遍出现了放松规制的倾向，即主要立足于通过竞争机制来改变垄断产业的低效率问题。2000年10月，中共十五届五中全会首次提出打破电力、通信、民航、铁路行业垄断；“十五”计划又增加了公用事业部门。

中国的自然垄断行业的国有制性质和政府直接经营的特殊国情，加以高度集中管理计划体制的历史背景，情况更加复杂，亟待研究的问题更多。

按其传统体制下的弊端和影响看，主要是由于高度集权规制过死，而导致行政性垄断，供给短缺，质量低下，内部效率极低，资源浪费惊人等。由此而论，今后规制政策倾向应是放松。但事实又出现违规者普遍严重、有规不循的问题，这又要求政府加强规制立法和严肃执行纪律。但如若现在进一步强调和加强规制，又可能导致计划体制的“死灰复燃”或“借尸还魂”。

从目前我国的规制政策动态看，至少有两点是可以肯定的：

一是引入竞争机制、促进竞争主体多元化。如1994年中国联通公司成立，打破了电信市场的一统天下，促进了服务质量的提高和价格下降。

二是改变自然垄断产业组织体制，对原有独家垄断企业分解。如电力工业可将发电和电网分解，在发电企业中引入竞争机制。同时转变政府职能，弱化行政性垄断，使政府由自然垄断行业的经营者变为有效竞争的组织者，规制政策的制定者和执法者。

理论依据是：自然垄断产业中的可竞争性因素；环节分析，横切技术及供求条件（需求量）；可替代产品（热空调）；潜在企业进入威胁；经营权竞标等。

附 录

选择产业组织热点进行调研和探讨，并在独立见解基础上形成文本，可以激发学生关注现实经济的兴趣，增强其理论分析能力、观察问题能力和论文写作能力。为此，选取几个文本，以供读者学习参考。①彩电市场竞争分析；②粮食垄断收购政策实证研究；③汽车产业的组织缺陷及大集团战略；④河南产业集约化水平与市场化战略；⑤国内市场无序竞争现象剖析。

附录一　彩电市场竞争分析

20 世纪 80 年代初期以来，彩电行业是我国扩张速度最快的行业之一，也是市场竞争最为充分的行业，还是因“过度竞争、恶性竞争”问题而引起争议和讨论最多的行业。在该行业中，企业制度、市场结构和政府行为的变化对市场竞争的影响都具有典型性。

一、彩电业发展的竞争过程

回顾我国彩电业的发展过程，竞争基本上是遵循着由非价格到价格竞争的轨迹展开的。展望未来，我国彩电企业必将还会采取以非价格竞争为基本手段的竞争。这种非价格竞争比初始阶段的非价格竞争在手段上更加丰富，主要体现在技术、服务、规格质量等诸多方面。

1. 非价格竞争阶段

从1992年起，政府虽然宣布取消对电视机价格的控制，但这种价格放开是相对的。一方面，在1996年长虹彩电降价以后，彩电行业管理协会的有关人员指出其降价行为违反了关于彩电价格可上下浮动5%的协议，从这可以看出，政府仍然隐性地控制着彩电的价格。政府对彩电价格的控制显然限制了彩电业的竞争。另一方面，由于彩电价格在大多数时间内是高于行业平均生产成本的，资本追逐利润，大量企业进入彩电行业，由此形成彩电行业高度竞争性的结构，从而使得彩电业在改革开放后竞争异常激烈，并使其由短缺走向过剩。

在这段时期内，由于政府对彩电价格的控制，因而彩电业的竞争主要表现为非价格竞争。但同时由于国内彩电的生产技术差异性不大，所以竞争焦点主要表现在广告宣传、良好的产品售后服务和加强完善的市场营销体系，并试图通过这些手段扩大市场份额。

价格竞争是竞争的基本手段，而由于政府的行政干预，此时期的彩电价格还没有完全放开，因此彩电厂商只是在一定范围内展开有限的市场竞争。

2. 价格竞争阶段

在我国彩电业的导入期，各个部门和地区受高额利润和巨大市场需求的推动大量引进彩电生产线，这就是所谓的113条生产线的进口。这一方面为我国彩电业迅速发展做出了巨大贡献，另一方面也为彩电业的过度竞争埋下了伏笔。自1996年长虹率先降价掀起价格大战以来，彩电业的生产能力迅速扩张，行业的市场和生产格局都发生了重大变化。许多生产厂家不惜血本争取市场份额，导致价格战愈演愈烈，甚至到了过度竞争的地步，直接导致众多企业效益急剧滑坡，影响到整个行业正常的市场利润率（见附表1）。

附表 1　20 世纪 90 年代中期以来彩电市场的六次价格大战

次数	第一次	第二次	第三次	第四次	第五次	第六次
时间	1996 年 3 月	1997 年初	1998 年 6 月	1999 年 4 月	1999 年 7 月	2000 年 8 月
发动者	长虹	高路华	康佳、TCL	长虹	熊猫、海信	康佳、长虹

资料来源：根据相关报刊资料整理。

二、无序竞争对彩电业的影响

回顾我国彩电业的成长过程，可以说，我国彩电业经历了一个布点分散的无序竞争时代。在 20 世纪 80 年代末，除了青海、西藏以外，每个省至少有一家厂商。经过 10 多年的残酷的市场竞争洗礼之后，一批经营不善的小企业终因竞争力不够退出彩电行业，而一批精于在市场中搏杀的企业脱颖而出，厂商规模不断扩大。这可以从厂商数目的变化来看这一变化情况，如彩电厂商数目从 20 世纪 80 年代末的 120 多家减少到 1996 年的 95 家。彩电行业的生产集中度也不断提高，如 CR4 从 1990 年的 17. 3%提高到 1998 年的 57. 8%，CR10 从 1990 年的 32. 39%提高到 1998 年的 81. 2%。

无序竞争使彩电业集中速度加快，规模经济出现，行业中以往存在的一些弊端有所好转，但是，也给彩电业的发展带来各种负面影响。如产品质量下降、技术创新能力薄弱、缺乏核心竞争力等。

价格的高低直接影响到了利润的高低。彩电价格的一跌再跌，已降到企业保本的边缘，利润微薄，企业就无暇顾及产品的质量性能，更不用说技术创新的投入了。这在国家质量技术监督检查结果中已一目了然。尽管我国已成为全球彩电加工组装能力最大的国家之一，而作为彩电第一生产大国，关键元器件包括芯片、新型显示器件等却长期受制于跨国公司。在现有彩电技术中，美国拥有 300 多项专利，日本、德国、荷兰也有自己的专利，而我国在数字技术、软件等方面却无一项专利。技术创新、研究开发已成为制约彩电业继续健康快速发展的主要瓶颈。

1. 产销脱节，库存居高不下

从20世纪90年代初期开始，以彩电业作为投资热点的状况发生了根本变化，取而代之的是生产能力过剩、竞争激烈的局面。至1998年底，彩电产量为3000万台，而销量只有2200万台，1999年全年产量约3600万台，而全年需求量只有2500万台左右，彩电库存逐年增大。不少彩电企业，尤其是国有企业，在彩电价格锐减、市场供大于求已成定局的情况下，仍继续扩大生产，导致产品进一步积压，供求关系严重失衡，供求失衡又会引致价格的进一步下跌（见附表2）。

附表2　2000年5月主要彩电生产企业库存情况

企业名称	库存累计（台）
四川长虹电子集团公司	1678536
康佳集团股份有限公司	1890000
TCL集团有限公司	627400
深圳创维—RGB电子有限公司	661981
海信集团公司	131700
熊猫电子集团公司	250927
深圳华强集团有限公司	59000

资料来源：《中国经营报》2000年8月22日。

2. 出口困难，内销压力加大

首先，我国彩电在技术上与外国洋彩电相比原本有一定差距，加之过度的价格竞争致使企业推出的产品多是一些档次低、技术含量低、附加值低的国际竞争力不强的产品，出口自然会受到影响。价格的一再下跌，使不少国家为保护本地市场采用立案反倾销方法对我国彩电出口设立多种壁垒，如欧盟从1995年起对我国出口的彩电一律征收25.6%的反倾销税，1998年又加大到44.6%，基本上堵住了我国彩电对欧洲的出口。其次，彩电企业的竞相压价导致彩电出口利润微薄，占用的资金又较多，从而难以调动企业出口彩电的积极性。因此，近年来我国彩电出口无论是绝对数量，还是相对市场份额都徘徊不前，甚至倒退。以1998年为例，1998年我国彩电生产量为3300万台（占全球产量的24.4%），出口328万台，只占我国总产量的10%，约占全球彩电贸易量的4.5%，与第一彩电生产大国的地位极不相称。

3. 行业效益滑坡

价格的下降为一些彩电巨头争得了市场份额，中国彩电业的行业集中度近年来不断提高，然而，行业规模的不断扩大与产业集中度的提升并没有给我国彩电业带来预期的好处，工业经济效益指标自1992年后连年下滑，年均下降幅度近20%，有人戏称中国彩电患了“儿童虚胖症”。以长虹为例，在1996年前的几年间，长虹的主要经济指标以50%的速度高速增长，1992年长虹的彩色电视机产量为100.88万台，1996年增长为480万台，同年长虹发动了前所未有的降价战，将松下、索尼挤出了国内彩电市场的前5名，长虹的市场占有率一举达到27%。但在辉煌的战绩背后不难发现，市场占有率提高到27%并没有为长虹带来规模经济效益。480万台的产量比1995年的305万台增长了57.38%，主营业务收入105.88亿元，比1995年（67.64亿元）增长56.53%，但长虹的各项费用也以同样的幅度增长。1996年长虹的营业成本是77.53亿元，比1995年（49.53亿元）上升了56.53%；1996年销售费用为3.58亿元，比1995年（1.6亿元）上升了123.75%；1996年的管理费用为3.28亿元，比1995年（1.53亿元）上升了114.38%；1996年的财务费用为1.86亿元，比1995年（1.21亿元）上升了53.72%；1996年主营业务利润为19.29亿元，比1995年（13.46亿元）增长了43.31%；1996年的主营业务利润率为18.22%，却比1995年的19.9%下降了1.68个百分点。一句话，单位产品的边际成本并未随产量的快速增长而降低，通过降价扩大规模带来的规模效益并不明显。另外，从纵向看，从1995年至今，长虹的总资产净利率、总资产主营利润率均呈下降趋势，根据1999年其上市公司年报表显示：长虹此年利润总额由 23.28 亿元下降到 6.21 亿元，每股收益仅 0.243 元，尤其是下半年，利润额更是减少到只有 1 亿多元。由此可见，降价大战，最终还是输给了企业自己。

彩电的无序竞争使占行业大多数处于竞争劣势的企业处境困难，亏损居高不下，产品积压严重，隐蔽和公开的失业增加。同时，降价行为使得国家的税收大量损失，据统计在 1997 年和 1998 年的价格大战中，国家至少减少了 50 亿元的税收。

三、彩电业无序竞争的成因

价格竞争行为之所以成为现阶段企业的主要竞争手段，尤其彩电业的“降价竞赛”，是由结构性“过剩经济”大背景下多种因素共同决定的。

结构性生产能力过剩。90 年代中期以来，我国彩电生产能力不断提高，产量急剧上升，但由于企业技术水平的限制，以及其他一些落后型号的彩电在总产量占有相当大的份额，而居民需求重点则是大屏幕彩电。与此同时，彩电行业的供大于求状况已基本形成，所以生产企业的库存总量是相当高的。到 1999 年底，长虹库存为 60 亿元，康佳为 46 亿元。为加速资金周转，减少库存，降价行为就势在必行了。

市场结构不合理。合理的市场结构也就是维持一种有效的“竞争和垄断”关系，不仅能使产品价格接近企业的平均成本，而且这种结构对消费者也是有益的，而“过度竞争”或“过度垄断”的市场结构只能带来低级的价格大战。彩电产业的市场结构就是一种“竞争过度、垄断不足”的过渡型市场结构，这种不合理的市场结构决定着企业采取低级“竞价”行为，而后者又逆向强化市场结构的不合理。具体而言，彩电产业的这种结构类型是由其规模结构、产品差异程度、集中度以及进退条件等因素决定的。

企业规模经济效益低。一般而言，彩电产业的最低经济规模为年产 100 万台左右，虽然我国彩电企业有 91 家，但其规模分布是很不合理的，年产量超过100万台的企业仅有10家，所占比例不过10.9%（见附表3）。规模分散迫使企业展开激烈的竞争，而高成本企业的存在，无疑降低了资源的利用效率。于是，因经济效益不佳，整个行业就陷入降价的怪圈中。

彩电产品差别化程度较低。由于我国彩电生产线的建立几乎是靠技术引进来完成的，技术标准或生产标准的相似性是彩电产品的型号、规格、性能等客观差别几乎为零。尽管彩电企业的广告行为在一定程度上形成产品的主观评价差别，但面对消费者较高的选择商品的理性化程度，又在某种程度上削弱了产品的差异。企业的技术创新能力不强不仅延迟了产品的更新周期，而且也无法提高产品的差别化程度。于是企业的唯一选择只能是进行价格竞争。

前位企业规模势均力敌。自1992年以来，我国电视工业最大的20家企业的赫芬达尔指数不断提高，到1996年达到0.102，其中前10家市场集中度为65%，1997年为75%，1998年则上升至80.49%。应该说集中度水平反映着彩电产业组织结构的改善，但彩电产业内部规模相当接近（见附表3），这种市场集中度水平只会加剧企业间的价格竞争。

附表3　1988年彩电企业的规模分布

年产量（万台）	小于1	1~10	1~50	50~100	100以上
生产企业（家）	22	29	22	8	10
所占比例（%）	0.24	0.32	0.24	0.09	0.11

资料来源：董云庭. 彩电价格为何一跌再跌［J］. 价格理论与实践，2000（1）.

上述三个方面因素使彩电企业要借助价格竞争作为主要竞争行为，而进退条件因素却从另一层面强化了市场结构的刚性，并使某些企业可以无成本地采用价格竞争手段。

企业进退中的制度因素。20世纪80年代电视机工业的利润率很高，促使很多地方政府投资建厂，而当时的“指定定点厂和显像管配额”等政府政策又没有发挥什么作用。因为即使存在必要资本量的进入壁垒，相当高的投资回报率也足以弥补巨额投资成本。为此，“重复建设”造成一定数量的过剩生产能力和过剩产品，这为企业价格行为奠定了基础。按照经济规律，当出现某种程度的“过剩”状态时，企业应该择机“退出”市场。然而制度所形成的障碍，客观上阻止了某些国有企业退出彩电产业，其原因是复杂多样的，如社会保障制度落后，国企改革正处于攻坚阶段，地方保护主义等，其中地方保护主义的影响最大。许多彩电企业是地方的重点企业、纳税大户，它们不仅支撑着当地财政，而且也承担着地方就业的重要使命，所以，许多地方千方百计地保护本地企业。

制度性退出障碍的存在使彩电产业的市场结构缺乏“自由调整”的能力，使低效厂商仍然留在市场中，而这些低效企业为了生存，争夺市场份额必定会挑起价格战，即使血本无归，也会用其他方法来弥补，如上市融资、债转股等，所以某些未退出的国有企业就可以利用“旧体制惯性”优先获得资源，并在“预算软约束”条件下增加了恶性价格竞争的可能性。因为降价损失可由国家承担，而企业却不必承担任何责任。

通过对我国彩电业发展的竞争过程及相关因素的分析，揭示了在市场经济不完善的大背景下，竞争在促进一个产业快速发展的同时，也造成许多负面影响，但这只是暂时的，也就是说，在市场经济中，凡是经济高速增长阶段，生产能力的急剧扩张和竞争异常激烈甚至无序具有一定的必然性，是市场经济从不完善到完善的过渡，这种现象的出现主要是因为深层次的体制问题，如投融资体制不健全等没有得到有效解决。当政府和企业的行为规范问题、市场规则问题、市场经济法制健全问题等都得到一一解决之后，市场竞争必然会从无序转向有序。当然，这是一个漫长、艰辛的过程。

附录二　粮食垄断收购政策的实证研究

中国粮食收购体制的基本情况是：1985 年以前基本继承历史形成的统购统销制度；1985～1992 年实行“双轨制”，即社会商品粮的 70%～80%由政府采用行政手段直接购销，20%～30%的商品粮由农户、流通组织、消费者之间自主交换；1993 年实行自由流通；1994 年又实行“双轨制”。1998 年 6 月国务院颁布了《粮食收购条例》，开始了新一轮的粮食流通体制改革。此次粮改的主要内容是“三项政策，一项改革”，即按保护价敞开收购农民余粮、粮食收储企业顺价销售、农业发展银行收购资金封闭运行和加快粮食企业自身的改革。实施粮改的目的是希望兼顾生产者和消费者的利益，并推动粮食企业扭亏为赢的市场化运作。从“条例”出台的本意来看，无疑是希望这一改革能够兼顾各方的利益，但是从“条例”的实际运行效果来看，它无法实现预期目标，不仅压抑了农户的生产积极性，纵容了国有粮食系统的机构膨胀和低效率，而且致使财政背上了沉重的负担。究其原因，笔者认为上述弊端产生的根源在于粮食收购中的买方垄断。

一、国有粮食收购企业的买方垄断力分析

买方垄断市场中，买方有着影响商品价格的垄断力量，能以低于完全竞争市场的价格购进商品。因此，粮食收购企业的压级压价行为实际上是垄断收购的必然产物。然而，也许有人会问，在数次粮改之后，国家政策已经要求以保护价敞开收购，难道目前的粮食收购政策还会损害农民的利益？要回答这一问题，就要从数次粮改和经济体制改革前后粮食收储企业买方垄断力量的变化程度来寻找答案。买方垄断力取决于以下三个因素：卖方的供给弹性、买方数量、买方的行为目标（由于数次

粮改和经济体制改革均未触动垄断收购这一根本性质，本文的比较分析亦不进行详细区分，只采用“改革前”和“改革后”两个分析期间，这不影响分析结果）。

1. 卖方的供给弹性

在竞争性市场上，价格和边际价值是相等的，但一个有买方垄断力的买方能以低于边际价值的价格购进商品。价格低于边际价值的程度取决于买方所面临的供给曲线的弹性。如果市场上仅有一个买方——纯粹的买方垄断者——他的买方垄断力将完全取决于市场供给的弹性，供给线弹性越小，买方垄断力越强。经济体制改革之前，农民们种什么、怎么种、种多少，相关部门能有指令性计划，农民难以通过调整播种面积来改变粮食供给量，粮食供给弹性接近于零。

体制改革之后，政策有所松动，例如从 2001 年春播开始，浙江省放弃稻米种植的指令性计划，种还是不种全凭农户个人意愿。这种做法将对粮食供给弹性产生一定的影响。但是我们应该考虑到，土地的机会成本也是影响粮食供给弹性的重要因素。农村土地流转工作进展缓慢，而且收益较高的经济作物种植对气候、土壤、技术等条件要求严格，农民不愿贸然尝试，所以多数农民从土地上获取其他收益的机会微乎其微。尽管粮食种植的管制政策有所松动，但农地撂荒面积占总播种面积的比例并不大。随着农业科技的兴起、灌溉设施的完善、复种技术的推广，在种植面积略有下降的情况下，粮食产量有增无减的趋势十分明显。

总之，从卖方的供给弹性来看，粮食生产一直存在着供给刚性，卖方供给弹性小且基本不变的现状使得农民处于不利地位，买方垄断力在改革后并没有受到削弱。

2. 买方数量

许多市场中不止一方买方，买方数量也是决定买方垄断力的重要因素。当存在几个寡头买方时，没有一个单一买方能够完全控制价格。这样，每个买方面对的将是一条有相当弹性的供给曲线，买方垄断力受到削弱。然而当买方数量受到限制时，买方垄断力的潜力也在增长。

改革之前，国有粮食收储企业获得独家垄断收购权，当时规定，只有经县级人民政府粮食行政管理部门批准的国有粮食收储企业，方可按照国家有关规定从事粮食收购活动；未经批准，任何单位和个人不得直接向农民和其他粮食生产者收购粮食。此外，粮食收购以县级行政区域为单位，不得到外地向农民和其他粮食生产者直接收购粮食。这些规定取消了县级以上国有粮食收购企业之间的竞争，形成了地方封锁和垄断。

改革后，虽然在1999年的秋粮收购时“加工用粮食必须到国有粮食企业购买”的政策有所调整，即“经省政府批准的有资格的产业化龙头企业和用粮大户，可以直接入市收购自用的粮食，或与农民直接签订供销合同”。但是，该项政策对于保护农民利益、打破买方垄断并无实质性的进展。原因在于：其一，该项政策的直接目的是为了降低农业产业化经营的生产成本，而并非在农产品收购环节中培养出几个寡头竞争者。其二，产业化龙头企业毕竟是少数，它们收购的仅限于“自用的粮食”占粮食总产量的比重还不足以动摇国有粮食收储企业的垄断地位。其三，即便是符合政策规定的“产业化龙头企业”欲参与收购，还须经省级政府批准，行政管制政策仍然给收购企业设置了不小的市场进入壁垒。其四，获得收购资格的企业往往与国有粮食收储企业有着千丝万缕的微妙联系，有的甚至是同属一个部门，而且当地的产业化龙头企业原先就是国有粮食收储企业的大客户，双方关系熟稔，在市场参与者极少、串谋成本较低的情况下，双方通过串谋来压级压价的可能性很大，从而使市场结构仍然类似于独家垄断。

可见，改革后，买方数量方面的微小变化对国有收储企业的买方垄断力影响不大。

3. 买方的行为目标

在买方垄断的市场结构中，买方的行为目标是影响价格的一个关键因素。在计划经济时代，粮食收储企业的行为目标是多重的，并不以

"利润最大化"为唯一目标，当时的企业既不能自主经营，也无须自负盈亏，国有粮食收储企业虽是垄断买方，但控制价格的买方垄断力并不强。然而改革后，在市场经济时期，粮改的重点之一是政企分开，使所有国有粮食企业成为自主经营、自负盈亏、自我约束、自我发展的经济实体，不再承担粮食行政管理的职能，同时规定了各地偿还粮食挂账的期限。然而现有政策要求国有粮食企业以保护价敞开收购，既以社会利益为重，又让其实现利润，承担偿还债务的任务，这在理论上是难以做到的。这种"高"要求的结果，迫使企业只能选择其中一个目标去实现。由于在规定时间内偿还债务是硬性指标，大多数国有粮食收储企业都以盈利作为首选目标。在供过于求的粮食市场上，拥有垄断经营权的粮食企业在交易中具有绝对优势，为了多盈利必然出现压级、压价现象。

总之，改革后，垄断买方的行为目标由原先的"多元化"转变为"利润最大化"，这一关键性变化使粮食收储企业开始充分利用自己的买方垄断力来控制价格。

综合上述三个方面的因素，改革后，国有粮食收储企业的买方垄断力在加强，在市场经济的大潮中，它对农产品价格的真实影响程度和对农民利益的损害程度也必然加强。1998~2000年，农民人均销售农产品的收入已经连续三年负增长。可见政府欲保护农民利益，取消垄断收购政策已势在必行。

二、打破粮食收购中买方垄断的必要性与可能性

1. 从粮食安全角度来看，国家没有必要继续通过垄断收购来控制粮源

粮食是重要的战略物资，保障国家粮食安全是实行垄断收购的一个重要原因。因此，欲探讨解决垄断之法，有必要先澄清当前一些关于"国家粮食安全"问题的误解。

根据国际粮农组织的定义，"粮食安全"就是要确保任何人在任何时候都能买得起保障其生活的基本食品，而且这个食品必须是有营养的

和有益于健康的。这个概括包括三个要点，首先总量是最基本的，就是保障所有人都吃饱的总需求是否能满足；其次是价格，能不能保证任何人都买得起；最后是食品的营养性和安全性。

中国粮食安全问题的核心不在总量，首先，目前国内的粮食产量和储备量足以应付饥荒和封锁。从国内粮食产量来看，1996 年政府发表粮食问题白皮书，当时提出要保持粮食 95%的自给率，2000 年我国粮食的自给率已达到 93.2%，而从国际经济来看，90%就已是非常高的粮食自给率。从国内粮食储备量来看，截至 2001 年 3 月底，国家粮食库存为 2.3 亿吨左右，扣除 10%的陈化粮，实际可用库存约为 2 亿多吨，在弥补年度产需缺口后，库存下降至 1.65 亿吨左右，仍高于我国正常年份 1.25 亿吨的国家粮食储备和商业库存量，也高于国际粮农组织的粮食安全储备标准。其次，发生粮食禁运的可能性比较小。一方面，一些主要的粮食出口国早已承诺再也不搞粮食封销。另一方面，如果说 1978 年的改革开放是中国经济领域的对外开放，那么中国加入世界贸易组织实际上表明中国决心在经济、文化、社会等多领域的全方位开放。中国有一个潜力巨大的消费市场，并有良好的条件发展成为全世界的加工制造基地。目前的情况是，中国离不开世界，世界也离不开中国。正在一步步融入国际社会的中国，又有什么理由招致全世界的粮食封销呢？另外，经济学家们也常说，“让对方有钱赚的供给是最可靠的供给”。目前世界主要的粮食出口国实行的都是企业具有完全自主权的市场经济体制，在这种经济体制下，政府对于受利益驱动的私人农场未必有绝对的控制力。

可见，中国的粮食安全问题并不应该是总量问题，而应该是价格问题，即能不能保证所有人都买得起粮的问题。根据农业问题专家陈锡文先生的统计，目前我国没有解决温饱和不能稳定解决温饱的农村人口和城市低收入者大约有 9000 万人，因此，放开收购权后会不会引起粮价上涨、政府如何保障社会弱势群体的粮食消费才是粮食安全问题的核心。笔者认为，放开收购权不会引起粮价上涨，原因在于：①根据国家粮食局公布的2001年数据，国内粮食市场的产量和进口量之和仍然高于需求，市场价格持续低于保护收购价格，今后粮食价格更大的可能是在失去财政支撑后下行。②粮食市场上存在着三大潜在的供给压力：巨量库存，陈化粮的处理，中国政府承诺的到过渡期末将达到2380万吨的谷物进口配额。当国内粮食市场价格上涨时，上述供给方对各自供给量的调整将使市场价格迅速回落。因此，在大多数粮食品种的国内价格高于国际市场价格的情况下，国家如果放弃垄断粮源的收购政策，市场粮价的走势将是逐步下行并与国际接轨。国家粮食安全政策的重心逐步由严密控制粮源转向建立粮食储备体系与风险基金制度，提高低收入者的社会保障，帮助贫困地区农民增收，这才是解决问题的根本途径。

2. 从垄断收购的政策成本和政策效果来看，垄断收购弊大于利

该政策的执行成本包括：①政府支付的各种名目的财政补贴，有粮食加价补贴、粮食提价补贴、国家储备粮费用和超储费用补贴，粮食的财政补贴金额在财政正常性支出中占有相当份额，最高的1984年粮油补贴竟占当年财政补贴的15.6%，以后才逐年下降。更为不合理的是，这部分补贴往往成为压价收购的国有收储企业的不当收入。②粮食难以顺价销售所造成的额外的仓储费用、损耗、贷款利息和陈化粮处理费用。据报道，浙江省的一些粮站甚至还储备有20世纪80年代的稻谷，这些已经不能使用的粮食最终结果还是报亏，成为财政负担。③国有粮食企业的亏损挂账。1998年，经国家审计部门检查，国有粮食部门亏损累计达2000多亿元，如果把隐性亏损（陈化粮处理）加上，还要大大超过此数。现行粮食垄断收购体制纵容了国有粮食部门的过度膨胀和低效率，目前国有粮食部门已成为全国亏损最严重的行业，而这些亏损虽挂在农业发展银行的账上，最终都是财政的包袱。④政策被利用造成的成本增加。例如国有粮食部门中的一些不法分子按市价收购粮食后，再倒卖给国家粮库，从中骗取财政价格补贴，这早已不是什么新鲜事。⑤因为上一项代价存在所造成的监督成本的增加，1998年，国家审计部门共有500多人参与国有粮食部门的查账工作，对账验库、明察暗

访，查出违规事件 1000 多起，监督成本的上升也不容忽视。

然而这种高成本政策的执行情况并不理想，以保护价购进的粮食要实现顺价销售，要以绝对的垄断收购为前提，但当前市场上大量私人粮商以低于保护价的价格在那里购进、销出，致使国有粮食企业无法实现顺价销售，最终使真正执行“保护价敞开收购”政策的企业越来越少。粮食收储企业没有认真执行政策的主要表现是压级压价、拒购限购，一些收储企业甚至将按保护价收购的粮食堆在仓库里，同时以低于保护价的价格在市场上大量地购进、销出，大大增加了库存粮食顺价销售的难度。

当然，任何政策在执行过程中，都会发生执行者背离政策设计者预期的行为，但这种较普遍的不执行政策现象，实际上与政策本身的缺陷有关，值得深思。

三、搞活粮食流通的政策建议

1. 取消价格保护，实行生产保护

保护价是导致垄断收购的根源。政府制定的保护价政策是导致垄断的根源，既然以保护价敞开收购，就必然会增加粮食储备，会相应地增加各种费用、补贴和利息负担，如果销价上不去，那么收得越多，亏损也就越多，所以在要求粮食收储企业自负盈亏的前提下，必然要求顺价销售；既然要顺价销售，那么在目前国有粮食企业问题丛生、不具备竞争优势的情况下，就需要把其他经营主体暂时屏蔽在市场之外。也就是说，保护价敞开收购要求顺价销售，顺价销售反过来又要求垄断收购。

从此也可以看出，如果国有粮食企业的经营效益好，就没有必要实行存在很大争议的垄断收购政策，或者说顺价销售并不一定要以垄断收购作为必要的前提条件，但问题恰恰是，国有粮食企业的改革一直进展缓慢，累积的问题越来越多，在财政负担沉重和粮价大幅下跌的形势下，政府只好利用在博弈中的优势，通过强制性措施把其他市场主体清退出场，为国有粮食企业的顺价销售创造制度条件。

保护价容易造成对生产的误导。在市场经济条件下，政府规定高于市场价格的保护价，实际上是对农民生产的一种误导，公布的保护价诱导农民多种粮食。但是粮食收获后，在供过于求的粮食市场上，垄断买方普遍存在的压级压价和拒购限购又导致“卖粮难”，农民们很无奈：“不让私人收，国家粮库又不收，把粮食卖给谁?”

入世后，保护价政策将逐步丧失其政策空间。从 2002 年起，中国逐步取消非关税壁垒，加之有些粮食品种的质量和价格与国外同类产品相比不具优势，粮食进口量的增加不可避免，而中国目前的粮食进口配额数量又远远大于实际进口量，例如 1999 年我国进口的小麦、大米总量分别是 45 万吨、17 万吨，小麦和大米的配额已经分别达到 730 万吨、260 万吨，分别是 1999 年全年进口量的 16.22 倍和 15.29 倍，这意味着中国将失去通过对配额外的粮食进口征收同关税以提高国产粮食价格优势的可能。大量进口的低价粮食加剧粮食市场供过于求的状况，必然会造成国内粮食市场价格的回落，增加粮食收储企业顺价销售的难度，也容易给收储企业中的不法分子收购进口低价粮食骗取国家价格补贴制造机会。因此，今后继续实行价格保护的政策空间会逐步缩小。

生产保护政策优于价格保护政策。鉴于上述原因，不如干脆放弃价格保护，将这一部分资金用于更具长远效力的生产保护，包括用于农业科技研究，促进农业技术推广，加强对农民的职业技术培训，农村基础设施的建设、农业结构性调整的援助、农业金融支持、各种销售中介机构的建立（如帮助实现农产品网上销售）等保护生产的措施。

一个关键性的问题是：生产保护政策与现行的以价格保护为主的政策相比，是否会造成实际保护程度的下降?我们先来看看改革开放后中国农业的保护现状：20 世纪 80 年代，我国政府通过订购政策、工农业“剪刀差”、农村储蓄、利息倒挂等措施，平均每年从农业部门净转移出财政性资金大约 1400 多亿元。90 年代以来，尽管政府提高了农产品的收购价，但由于农产品处于产业链的上游，农产品涨价最终必然引起农业生产资料和农民生活消费资料等工业制成品价格的上涨，这又部分抵消了政府提高农产品收购价格给农民带来的收益。1993 年，一种常用的指标、用于表明农业保护程度的生产者补贴等值为-24.07，政府利用负保护政策从农业部门净转出资金高达 2194.5 亿元，而到了 90 年代中期，农产品价格绝大部分完全放开，政府制定的保护价要么低于市场价，农民不愿出售；要么略高于或接近于市场价，但受到粮食收储企业压级压价和拒收限收行为的影响，政策效果大打折扣。政府对农业部门长期实行负保护政策的后果是：社会投资过度向工业倾斜，农业现代化进程和农村经济的发展受到极大阻碍，农业生产效益低下。

如果今后的政策重心能够逐步转向生产保护，等额资金就能实现更高的效益，这是由于生产保护政策具有很高的外部经济性和社会效益，是一种良性和持久的保护。生产保护有助于增加农产品的附加价值，延长产业链条，推动农业生产方式的转变。生产保护通过降低农业的综合生产成本，提高中国农业的整体素质，其实际保护程度与当前实行困难而又效果不佳的价格保护政策不可同日而语。例如实行农业产品结构的调整政策，就有助于走出价格保护政策下农民增产不增收的怪圈。

2. 打破垄断，构建买方竞争市场

取消垄断收购权。取消国有粮食收储企业的垄断收购权，将粮食的战略性储备与经营性业务分离。目前国有粮食收购企业主要是农村粮管所、粮站，也包括一部分从事粮食收购工作的粮库。粮管所和粮站的国有性质应该保持，它们作为独立的行政系统，将承担国家的政策性任务，建立全国战略性储备体系，要专司粮食储备之职，独立运转，放弃取利行为，科学安排储备粮的吞吐转换，以保障国家粮食安全。由于粮管所和粮站担负起政策性任务，不宜再直接参与经营性业务，因此可以委托可靠的企业从事具体收购任务。这些企业受到委托，担负国家专储粮食的收购、救灾济贫粮食的发放等任务。由于这项工作已由行政性任务变为代理业务，成为企业经营行为，粮管所须支付代收的手续费、代保的仓储保管费，而且除抵补费用外，该代理费用还要保证代理企业有合理的利润空间。

引入竞争性买方。在粮食收购环节实现公平竞争，允许任何企业和个人参与收购。严格禁止地区封锁，保障农产品流通渠道的畅通，加速全国统一大市场的形成；放开经营领域，允许合法企业或个人在全国各地从事经营业务。这样一来，农民作为一个独立的市场主体，就有权按利益最大化原则选择交易对象。作为政府来说，给农民选择交易对象的自由，才是对农民最好的保护。

增强卖方的讨价还价能力。粮食收购市场上，买卖双方力量悬殊的问题长期存在，以前农民们面对的买方是垄断性的国有粮食收储企业，在今后面对的可能是当地的大型粮食加工企业或资本雄厚的用粮大户，而作为卖方的农民，每年人均交售粮食仅 130 公斤，并且交售的粮食又分散为小麦、稻谷、玉米等不同的粮食品种，由于销售量小而且分散，成千上万个独立经营的个体农户，在粮食销售中基本上都是价格接受者，农民处于不利的交易地位。如果通过一些适当措施，能够将农户的力量联合起来组建成联合体，那么这些联合体提供的巨额供给量将使它具有一定的市场垄断力和寻价能力，这对于现存的买方垄断力将是一种遏制。微观经济学原理中关于“双边垄断的市场结构将产生类似与自由竞争的市场绩效”这一论断，为该种方法提供了理论依据。

提高卖方讨价还价能力的途径有两种：建立专业销售组织或发展农业产业化经营。短期内，农民们自发建立的专业销售组织有助于提高农民的交易地位，但从长远来说，更好的办法是通过土地集中实现农业规模化运营。土地集中必然要求先满足“土地具备商品性质”的前提，如果承认农民拥有土地产权，允许土地自由流转，农民会对市场机会做出自发的响应，机会成本高者以土地流转收入作为本钱，离开农村、离开土地，其余农民可以以地权入股，进行公司化运作。土地的流转问题解决之后，土地集中的对象将有两种：一是少数得到政府扶持的种田大户；二是携工商资本进入的农业开发商。二者均能在提高农民交易地位的同时，实现农地资源、劳动力资源的优化配置。

3. 建立战略性粮食储备体系

粮食的季节性差价可以驱使商业机构保持营利性的周转储备，但却不能吸引其保持战略性储备。尽管荒年粮价一定上涨，但储备时间与价格水平属未知数，而储备费用及仓储损失却与日俱增，很难保证将来一定能够获利，因此建立和维持战略性储备是政府的责任。这种责任首先在于保证粮食供应的安全，即在丰收年景收购部分余粮至歉收时售出以满足国民基本的消费需要。储备粮的运行增加了丰收年景的有效需求和歉收年景的有效供给，客观上又具有缓和丰歉年度间价格波动的作用。每年的推陈出新必然选择低价时进高价时出，这又起到了平抑季节差价的作用。同时，当投机或其他偶发因素引发较大价格波动时，国家又可动用战略性储备粮稳定市场。

附录三　汽车产业的组织缺陷及大集团战略

一、我国汽车产业组织产生的缺陷

我国汽车产业已走过了40余年艰苦创业的历程，到1997年，汽车产量达158.25万辆，居世界第11位。但是应该看到，我国汽车产业是在计划经济时期起步和成长的，其产业组织存在着许多严重缺陷。

从市场结构看，存在五个方面的问题。一是集中度过低。到1998年底，全国汽车整车制造厂多达107家，规模居前5位的一汽、天汽、东风、北汽和上海大众的产量之和仅占全国产量的约50%，而美国、日本等发达国家前3家汽车公司的产量占本国产量的比例高达80%以上。二是布局过于分散。在全国31个省、市、自治区中，除西藏、宁夏外，其余29个省、市、自治区都有不同规模的汽车制造厂或改装厂。三是规模太小。从世界汽车生产企业的现状看，年产100万辆以上才够得上大型集团，50万~100万辆可称中型集团。50万辆以下只算小集团，我国年产20万辆以上企业只有几家，绝大多数企业年产量只有几千辆，甚至几百辆。四是产品品种数量极少。在国内市场上，常见的只有桑塔纳、捷达、夏利、奥迪、奥拓等几种车型，而且产品差异程度小。五是国内汽车市场壁垒（障碍）高。这不仅表现为在高关税保护下，国内汽车企业很难进入中国市场，还突出表现为国内统一市场中省区间的行政壁垒，受地方政府保护，即使生产规模只有几百辆的国内汽车整装厂也很难退出市场。

从市场行为看，呈现出在国家和地方政策双重保护下的扭曲。我国社会主义市场经济尚不完善，国内汽车进口关税又普遍超过100%，高关税使国内市场与国际市场割裂开来，形形色色的地方政府保护措施又使国内市场区域间相互割裂，企业在受不到来自国际市场的竞争压力和国内不同地区企业竞争压力的情况下，必然缺乏进取动力，使兼并重组活动难以展开。如相同质量的车型，国内价格往往要比国际市场价格高出1.5~3倍，企业不需按市场运行规律规定价格；再如，1996年武汉出租车市场就出现了抵制夏利车进入的行为，这种区域市场排他性的行为在各地时有发生；又如，在1995~2000年远景规划中，全国有22个省市把汽车作为支柱产业，各地政府从自身经济发展的利益出发，都不希望本地区的产权转移到别的地区，这必然使跨地区兼并、联合的资产重组进展缓慢。

从市场绩效看，有三个问题需要注意。一是规模结构效率低。国际上一般公认的轿车最小经济规模是年产量在40万~60万辆，而我国最大的轿车生产厂年产量刚刚超过20万辆，在高成本、低效益的运营状态下，每个工人年均只能生产1辆轿车，而美国一个工人年均生产轿车12辆。二是资源配置不合理。汽车产业是一个典型的资金技术密集型产业，发达国家从设计到开发一种车型约需2亿美元，推出一种新车型则需要30亿~90亿美元，而我国汽车产业中人、财、物等资源十分短缺，且分散在全国29个省、市、自治区中，致使有限的资源在低水平重复建设中难以发挥其应有的效能。三是技术落后，开发和创新能力弱。迄今为止，我国汽车产业尚处在引进、消化阶段，未形成高水准的自我设计和开发能力。仅从生产的车型技术水平看，与国内相差 10~15 年；奔驰公司 1996 年推出了 7 种车型，而我国桑塔纳的车型一直保持了十几年，直到现在才推出了新型的桑塔纳 2000 型。

二、我国汽车产业实施大集团战略的意义

面对新世纪，我国正在为早日加入世贸组织而不懈努力。这表明，国内市场大门将完全打开，我国企业将不可避免地参与到国际竞争的大潮中去，汽车产业迟早会面临世界汽车大国的强力挑战。因此，实施大集团战略对于我国汽车产业争取在竞争中赢得主动有着十分重要的意义。

首先，实施大集团战略能够营造良性化的市场结构。汽车工业是一个典型的高集中产业，世界前 10 名汽车公司集中了全球汽车产量的 80%，排名第 9 的菲亚特汽车公司的产量比我国年产量的总和还要大。实施大集团战略目的就是要通过政府推动和必要的政策倾斜，使我国目前规模相对较大和具有比较优势的汽车集团能够抓住国内汽车市场正处于高速增长、市场容量大的有利条件，迅速扩大规模，提高产业集中度。从国际市场看，早已形成的寡头垄断市场的高壁垒，对我国汽车产业的发展障碍相当大；从国内市场看，一旦我国加入世贸组织，关税保护壁垒必将被逐步拆除，我国汽车产业将面临被国际同行强手淘汰出局的危险。实施大集团战略，实质是扶优弃劣战略，它与市场竞争的优胜劣汰是一致的。此战略就是要通过国家制定培植大集团的大政方针，拆除大大小小的地方保护壁垒，迫使小、劣、差企业从市场中退出，通过大集团的迅速成长，不断提高企业国际市场竞争力，构筑合理的市场结构，对内变关税进入壁垒为符合汽车产业竞争特征的国内市场进入壁垒，对外冲破国际汽车市场的经济规模障碍，使我国汽车生产企业在与世界强手的抗争中逐步走向世界。

其次，实施大集团战略能够构建符合经济规律要求的市场行为。目前，国内汽车商品的价格远高于国际价格，这是造成企业市场行为扭曲

的“温床”。实施大集团战略，就是首先要拆除地方保护，通过营造国内统一大市场，迫使企业为实现其经营目标而确立起符合市场竞争要求的价格、促销和重组行为。该战略的特点是有所为、有所不为，企业可以有死有活。企业为了谋求生存和发展，必然加快兼并、联合、重组的改革步伐，变“大而全”“小而全”为“大而强”“小而专”，通过大集团的集约成长，不断降低生产成本和汽车产品的价格，逐步拆除高关税保护，促使国内市场与国际市场接轨，最终确立起能够符合国际市场竞争要求的市场行为。

最后，实施大集团战略能够创建优良的市场绩效。大集团战略不仅能造就合理的市场结构和市场行为，而且还能创造出优良的市场绩效：其一，能在有重点发展和向优势企业倾斜的宏观政策调控下，促使资源向边际收益高的大企业流动、集中，进而改善企业布局、地区布局“散”的状况，提高资源配置效率。其二，能在合理政策驱使下，通过市场优胜劣汰的竞争，使具有一定规模基础的几大汽车集团率先发展，逐步形成以少数几大汽车集团为核心，并带动配套企业向专业化方向发展的新格局，进而提高整个产业的规模结构效率。其三，能有力地促进技术进步。汽车工业是集“高技术、高知识、高资本”于一身的产业，一般而言，企业达到合理规模后，就能具备较高的筹资能力和承担风险能力，拥有更多更好的物质和人才条件，具有更强的企业发明和创新能力。所以，实施大集团战略会有利于技术资源、知识资源向优势企业集中，从而有利于我国汽车工业快速发展成为以高技术为内核、富有强竞争力的企业。

附录四　河南产业的集约化水平与市场化战略

改革开放以来，河南经济沧桑巨变。国民生产总值以年均 10%以上的速度持续增长，提前实现翻番目标，至1993年底已达1580多亿元，在全国的位次上升了两位。在工农业突飞猛进的同时，产业结构、人民生活等方面也都有了较大改善。可是，横向比较，河南仍然落后于沿海省市，且差距不是缩小而是拉大了。从最综合的指标国民生产总值看，1978年河南分别相当于广东的88.2%、山东的77.1%；到1992年则为广东的52.9%、山东的61.3%。各项人均指标差距拉得更大。这些比较，意在使我们深思河南深层次的问题，进一步探索适应省情和宏观环境的正确战略，以便在下一轮新的发展时期更加主动地迎接市场经济浪潮。

一、河南经济发展中遇到的问题

综观河南经济发展中的问题，表层问题是小、低、散、僵，即企业规模小或者小企业居多；经济效益低，亏损企业面广额大；企业布局散乱，特别是可谓“生力军”的乡镇企业堪称星罗棋布，遍地开花；经营管理方式方法死板僵化，缺乏灵活性和应变能力。若概而论之，则可归纳为两个方面，一是集约化水平低；二是体制改革深度不够。

集约化水平低，可以罗列多种表现。对绝大多数企业而言，普遍存在产品技术含量低的问题，基本上都是资金密集型和劳动密集型产品，真正的技术密集型产品（像冰熊冰柜、新飞冰箱、北方易初摩托、郑州轻型汽车等）可谓寥若时晨星。广大乡镇企业和国有小企业，更与高新技术相去甚远，还处在初加工甚至粗制滥造阶段。从企业关联考察，横向联合和纵向联合、产前延伸和产后延伸都很差，企业规模普遍达不到设计能力或现有设备生产能力，达不到应有的规模经济效益。近几年虽出现一些集团公司之类，但真正有机联合者寡，有名无实者众。此外，产业布局、企业分布也较散乱，该集中的集中不起来，基础设施不能充分发挥作用，企业生产费用难免增加。此种状况，既是集约化问题，也是国民经济质量较差的表现，是部门和企业的技术构成低的反映。应当看到，这是制约河南经济更快发展，尤其是高质量、内涵型发展的一个基本因素。如果说这一因素以前对河南经济的增长影响有限的话，那只是因为我国经济那时期严重供给不足，而市场需求很大，很多行业和产品都有很大的发展余地而已。而今，全国“买方市场”初步形成，企业如千军万马，群雄逐鹿，竞争激烈。如不依靠科技走集约化、内涵型道路，还可能有低劣产品、弱小企业的生存空间吗？河南经济还能确保快速增长吗？

集约化水平低的原因，人们往往诉怨于缺人才、缺技术、缺资金等。笔者则认为，其根本障碍不在这些直观性因素，而在于管理体制，特别是市场经济细胞——企业的经营管理体制问题。例如，当国营大中型企业还留恋着计划体制，回味着吃大锅饭的“松快”时，必然会缺少“自我改造、自我发展”的内在动力，当离退休职工保险不能交给社会，职工、子女就业没有推向劳动力市场的时候，企业办社会的行为便难以杜绝，“大而全、小而全”的模式极难突破，专业化水平和有机构成的提高也必然继续受到钳制。当知识产权界定不清又无畅达的转让渠道之时，科技转化为现实生产力的路径仍将布满棘石，高新技术产业的成长壮大又谈何容易？当政府部门仍然习惯于“父爱主义”，动辄对企业指手画脚的时候，厂长经理们自然还乐于找市长而不情愿下市场。如此下去，吸吮母体的脐带怎能剪断？“恋母情结”如何解开？加之重产值、重速度的传统导向阴魂不散，企业必然会注重于要项目、上规模、恋母体、找靠山，不可能把立足点真正移向市场。有的企业即便真正重视了技术改造和集约化经营，恐怕也还是企盼政府者多，依赖市场者寡。至于农业经济，与集约化经营更是相去甚远。这与体制—家庭联产承包责任制的关系亦是不言而喻的。下一个时期，农业经济如不突破现行体制，农业规模经济就难以形成，也不可能较快地大幅度提高其技术为内涵的集约化水平。可见，体制问题决定着企业的活力和经济发展速度，是制约集约化水平的症结所在。正因如此，所以我们在分析河南经济发展的制约因素时，不仅要看到集约化问题，还应把体制问题看作更深层次的更为严重的障碍。

二、实施市场化战略

综上所述，在“九五”计划和21世纪初新的发展时期中，加快发展河南经济的战略思路，必须以社会主义市场经济为导向，以体制改革为动力，全面推进城乡经济市场化，走一条集约化经营、内含型发展之路。即明确而坚定实施市场化战略。这一战略的基本依据是：

市场化问题是河南经济发展的深层次问题，抓住了市场化就牵住了河南经济的“牛鼻子”。前述河南经济发展的两大障碍，皆源于市场化程度低、进步慢。由此产生并存的又是商品货币关系的脆弱，市场意识和经营观念的滞后。市场化程度低，决定着体制转化难，企业活力差，对技术、人才需求弱，集约化发展慢。反过来，传统体制的巨大惯性和较低的集约程度，又严重阻滞着专业化分工协作关系和商品货币关系的发展，制约着市场化的广度和深度。所以说，只有以市场化为主线，才能抓住河南经济的根本问题，才能牵动全局，迎刃而解其他问题。

市场化是冲破旧体制的“重炮”，催育新体制的“春风”。市场的内涵是，将传统的否定市场交换的自然经济和产品经济关系转变为以价值法则为轴心的商品货币关系，即市场经济关系。由此可见，推进河南经济市场化的意义就十分清楚了。历史上自然经济的瓦解，市场和商业起了“革命性作用”，是与商品货币关系的发展同步而进的。正如马克思所揭示的，产品越是作为商品来生产，也就越能大量地生产，力求冲破一切地方限制，夺得更大的市场。又说，资本积累的冲动、交换关系的发展，会破坏一切自然经济闭关自守、满足现状、因循守旧状态，摧毁一切阻碍生产力发展、需求扩大、生产多样化等的限制；商业对各种已有的，以不同形式主要生产使用价值的生产组织，都或多或少地起着解体作用（参见《马克思恩格斯全集》第46卷（上）第393页，第25卷第371页）。由此对照河南农业经济的半自给性质和工业部门、企业的“求全”结构，实施市场化战略当是切中要害的有的放矢之论。

市场化是大势所趋，是发展社会主义市场经济的客观要求。当今世界，发展市场经济的潮流可谓浩浩荡荡，顺之者昌，逆之者亡。且不说老牌资本主义国家依靠市场经济而率先发达起来，即使后而居上的日本、西德、新崛起的亚洲“四小龙”亦是得益于市场经济模式。从国内看，试行市场经济体制最早、改革开放步子最大的深圳特区，也是经济最有生机、发展势头最猛的。据统计，1993 年与 1979 年相比，该市国民生产总值、国民收入、工业总产值、出口总值分别增长 187 倍、160 倍、686 倍和 866 倍；其目前的人均国民生产总值、人均实现利税、人均创汇以及人均收入、人均消费水平居全国之冠。实践证明，深圳成功的奥秘，主要来自一个灵活的、充满生机的社会主义市场经济机制。河南乃至广大内陆省区的差距，最根本的也是差在市场经济的进度上，差在市场关系的脆弱上。显然，河南经济欲求再上一个新台阶并力争缩小与沿海之间的差距，必须顺乎时代潮流，着眼于建立有中国特色的社会主义市场经济，在全省城乡大力推进市场化战略。

三、实施市场化战略必须把握的要点

所谓市场化战略，实质在于加快商品货币关系发展，冲破传统计划体制及其相应的各种陈旧关系和观念，最终确立完善的具有中国特色的社会主义市场经济体制。按照这一思路，在河南城乡全面实施市场化战略必须把握如下要点：

其一，大力发展商品性农业生产。河南是农业大省，农民占总人口的 90%左右，产值占工农业总产值的近 1/2。可是农产品的商品率只有 50%左右，即约有一半是为自我消费而生产的。在这种半自给经济中，农民不可能真正面向市场，现代市场意识更是淡薄，从而他们向市场提供的农产品品种，数量不可能有大的突破。若农业长期在原有规模上徘徊，则必然严重制约工业和第三产业的更大发展。因此，实行市场化战略首先要重视农业的商品化，通过加强商业采购、期货订购、农业信贷，发展第三产业、乡镇工业等途径促进社会分工和专业化生产，催育商品货币关系，从而使农民面向市场，激发扩大再生产、发家致富的欲望。当然，达此目的必然要求土地经营的相对集中，必然触及以一家一户为主的联产承包责任制。对此应有一个正确认识。毫无疑问，从政策上强调这一制度的长期稳定是必要的，不应朝三暮四。但也应看到市场经济发展的客观要求，几家农户联合或若干农户自愿将土地集中于经营能手也是必然的。特别是建立在社会分工基础上的集中则更是合理的进步的。我们绝不能为长期稳定某种制度而限制农业商品经济的发展。现在亟待探索的恰是农业商品经济和规模经济之路。

其二，认真促进工商企业的专业化分工与协作。工商企业专业化水平低、协作关系薄弱，也是河南经济市场化程度低的重要表现。有人认为工商企业生来就是为市场而生产经营的，还有什么市场化问题？殊不知市场及市场关系的扩大是以社会分工为前提的。正是生产劳动的分工，才使各自的产品互相变为商品，互相成为市场。所以分工越细，生产效率越高，交换关系越复杂，市场化的程度越深。同时，分工之后必然要求协作，而协作乃至联合又是更高一级的交换关系。可见协作程度如何也是市场化程度的标志。因此，推进河南经济市场化，绝不可忽视工商企业的市场化任务，必须在促进分工、协作、联合方面认真采取对策。

其三，加速科技成果商品化。马克思指出：“随着大工业的发展，现实财富的创造较少地取决于劳动时间和已耗费的劳动量……相反地却取决于一般的科学水平和技术进步，或者说取决于科学在生产上的应用。”（《马克思恩格斯全集》第46卷（下）第217页）科学技术作为“第一生产力”及其成果的商品性质，早已被社会所公认，成果的有偿转让和市场化交易也已受到法律保护。目前的问题是操作起来尚有许多观念的、体制的、产权的、渠道的、利益的无形障碍，致使科技成果开展活力不足，流通渠道阻滞，转化为现实生产力的阻力很大。河南一方面有较多科研机构，有一支较强的科研队伍，另一方面又欠缺技术产品的现实开发能力，甚至常常出现“墙里开花墙外香”的现象。究其原因，还是没有真正把科技成果当作商品，缺乏应有的市场机制。深圳、珠海等特区的经验表明，在科技领导中仅仅工作重视、政策鼓励，高喊“科技为经济建设服务”是远远不够的，最有效的途径是把科研机构和科技人员推向市场，让科技成果作为商品在市场上自由流通，按供求规律定价成交，并在法规上、政策上对知识产权予以必要的保护。所以，科技成果的市场化同样是河南经济实施市场化战略的重要组成部分。

其四，发展信用制度，培育金融市场。信用制度是发达的商品流通的产物，信用制度的发展反过来又会大大地扩张商品流通，影响货币流通。现代市场经济条件下，无论生产经营，抑或建设投资，没有发达的信用关系和完善的信用制度是不可想象的。因为任何企业的生产、经营、建设都不可能完全靠自有资金，必须靠信用制度、靠金融市场，从而动员社会资金来为生产和扩大再生产服务。马克思说：“小的金额是不能单独作为货币资本发挥作用的，但它们结合成为巨额，就形成一个货币力量。”（《马克思恩格斯全集》第25卷第453-454页）河南一方面十分缺乏建设资金，另一方面又有上千亿元的企业存款和居民储蓄，以及相当可观的手持现金。如若将这些货币转化为可资使用的资金，也只有通过市场化战略，发展信用制度，培育包括资本市场、证券市场、外汇市场在内的金融市场。因此，如何利用信用关系、信用制度，是发展河南经济应做好的一篇大文章。

其五，敞开城门，走出中原，扩大开放。河南经济封闭性较强，惯性较大，人们的自然经济、产品经济观念较深，因而推进市场化的任务要比沿海省市艰巨得多，仅靠内部力量是难以完成的。所以必须实行更加开放的政策，加大开放力度，用开放带动市场化发展。事实上，河南15年开放的效果也是惊人的。它不仅为我们引进了那么多海外企业和巨额资金，更深远的意义还在于带来了先进的思想观念和经营管理经验，带来了一股股新鲜的空气，极大地开阔了人们的视野。如现今普遍受到重视的价值观念、效率观念、营销观念、人才观念、竞争观念、风险观念等，无不与对外开放有关。不足之处在于，开放的胆子还不够大，步子还不够快。因此，在新的发展时期，一是要扩大开放领域，争取在国家允许的前提下在金融、交通通信等方面有所突破；二是要改善投资环境，办好各类开发区、贸易区、科技园，争取有更多的外资工业企业、科技企业来豫建业；三是要双向开放，争取有较多的省内企业冲出中原，走向世界，在国际市场上学会经商，谋求更大发展；四是大力倡导对外开放意识，克服闭关自守、满足现状、夜郎自大的落后观念，形成一种人人谈开放、盼开放、乐开放、促开放的思想文化氛围。

其六，加快建立现代企业制度和社会保障体系。建立国有企业的现代企业制度，既是推进市场化的关键环节，也是实施市场化战略的突破口。国有企业的现状是产权界定不清，所有者主体缺位，国有资产流失严重。如不进行制度创新，重塑市场主体，改造微观经济运行机制，不仅国有企业难以在市场竞争中生存发展，而且整体经济体制改革也难以继续深入，确立社会主义市场经济的战略目标也要落空。因此，当务之急必须放在企业法人产权为基础的企业制度改革上。与此相适应；则必须在明晰产权关系的前提下建立产权市场，实行产权交易的自由化、市场化和规范化，促进生产要素在更大范围的流动整合和重组，使其在相应部门和企业中充分发挥作用。当然，现代企业制度的建立过程必然伴随一些企业的被兼并、收购乃至关闭、破产，必须涉及一些职工的劳动保险等问题。这就要求必须建立健全社会保障体系，以作为实施市场化战略的必要条件。

附录五　国内市场无序竞争现象剖析

20 世纪 90 年代特别是“九五”时期以来，我国许多产业尤其是工业产业中出现了生产能力过剩，产品积压严重以及由此产生的价格战、广告战等激烈竞争的现象。理论界将这种现象以及某些行业中的不正当垄断、竞争不足等统称为无序竞争现象。这种现象的出现虽然具有一定的必然性，但也与向市场经济转轨过程中体制、政策、法规不健全等制度性因素密切相关。为了进一步发展和完善我国市场，形成既充满活力又规范有序的市场秩序，笔者试图先对我国市场竞争的状况作一基本判断，并对我国市场出现无序竞争的原因进行深层次剖析，以期找出产生无序竞争诱因的内在机制，为制定适宜的产业政策提供依据。

一、市场竞争秩序及国内市场结构判断

竞争是市场经济的规律，是推动企业发展和产业优化的强大杠杆。竞争可以作为经济发展的动力和压力，优胜劣汰，促进社会经济的繁荣与发展。但并不是所有的市场竞争都能带来资源的优化配置。市场机制配置资源所需要的最优效果取决于是否形成了有序的竞争格局，即是否形成了活跃的竞争状态，是否建立了公正的竞争法则或平等的竞争环境，以及是否运用了正当的竞争手段。换言之，只有有序的市场竞争才能实现资源的合理配置，才能促进企业的茁壮成长及国民经济的快速健康发展。那么应如何区分有序竞争与无序竞争，我国的市场竞争状况又是怎样的呢？

1. 有序竞争与无序竞争的概念界定

有序竞争与无序竞争是一对辩证的概念，它们之间可以相互转化。在不同行业、不同时期，有序竞争与无序竞争的标准也不尽相同。所谓有序竞争是指竞争者的竞争行为必须符合有关准则的要求。竞争规则有两种类别，那些明文列出、广而告知的规则称为有形规则，如法律、法规、条例、公约等。那些不是明文列出，只是信念、传统、习惯等约定俗成的规则称之为无形规则，如道德伦理等。有形规则具有强制性，无形规则不具有强制性，只有内在的约束力。一般来讲，有序的市场竞争有如下特点：其一，经济主体行为有规范。在市场竞争中，制定竞争的规则目的是为了规范经济主体的行为。在竞争规则中，总要明确经济主

体的权利和义务，规定经济主体哪些应该做，哪些禁止做，哪些行为应受保护，哪些行为应受处罚。这样，竞争者的行为对错、是非也有了判定依据和标准，从而使市场的竞争有序地进行。其二，经济主体必须遵守规则。有序竞争中的规则要起到规范竞争者行为的作用，其前提条件是竞争者必须遵守这些规则，因此，有序竞争不仅表现为其竞争本身有据可循，而且表现为竞争者都去遵守这些规则，没有后者，仅有前者，也不能形成有序的市场竞争。其三，违反规则要受处罚。在有序的市场竞争中，很难保证每一个竞争者的一切行为都符合规则的要求，竞争者总会有意或无意地违反竞争的某些规则，特别是在不遵守规则会更多获取经济利益的情况下，违反规则的可能性就更大。这就必须对那些违反规则的竞争者给予处罚。只有这样，才能维护竞争规律的权威，才能保证竞争者能遵守规则。

无序竞争是指竞争者行为没有约束、没有规范的竞争，从广义上讲包括不适当垄断、竞争不足、过度竞争、不正当竞争、竞争不规则、执法不公正等。无序竞争的特点有：第一，竞争处于混乱状态。由于在竞争中竞争者的行为无规则约束，因而竞争者就会随心所欲，为所欲为。无序竞争往往是无组织者、无协调者的竞争，是在混乱状态下进行的。第二，竞争者的行为无对错。由于在无序竞争中没有规则去指导、控制竞争者的行为，因而，竞争者也就无所谓对错。第三，竞争者为了获取经济利益会不择手段。在无序竞争中，由于没有规则约束，这就为竞争者不择手段去达到自己的目的提供了客观环境。竞争的目的在于战胜对方，获取更大经济利益，因此，竞争者必然要千方百计去拼搏，会不择手段。无序竞争与有序竞争是一对历史范畴，是市场经济不断发展以及市场规则逐步完善的历史过程，随着现代市场经济制度的建立，无序竞争最终必将会被有序竞争所代替。

2. 市场竞争从无序到有序的转变过程

有序市场竞争的形成与市场经济发展水平有着密切的联系。市场经济处于不同的发展阶段，竞争也会呈现出无序或有序的不同状况。市场经济的发展经历了三个历史阶段，即初始阶段、大发展阶段和最高阶段。在这个发展过程中，市场竞争也从无序走向有序。

市场经济发展的初始阶段，实质上是资本的原始积累时期。它带有强烈的暴力性和欺诈性，也即是说，初始阶段的市场经济必然是不完善的、自由放任的市场经济。在自由放任的市场经济中，经济运行完全是由市场来调节。每个商品生产者都是追求利益的最大化，这充分体现企业行为的随意性，也即我们所熟知的市场经济的自发性、盲目性。在市场经济的初始阶段，由于市场发育的极不健全、市场规则的极不配套、市场法律的极不完善，企业为了追求利润最大化，必然会出现尔虞我诈、以次充好、价格欺诈、以假乱真、高利盘剥、假冒伪劣等现象。可以说，整个市场秩序一片混乱，市场竞争也必然呈现出一种无序状况。

市场经济的完善是一个长期演进的发展过程。市场经济的发育、发展、成熟是在社会分工和商品经济关系的不断深化中实现的，它经过初始阶段进入大发展阶段。在这个时期，生产力迅速发展，生产迅速扩大。一方面彻底瓦解了自给自足的自然经济；另一方面形成了统一的国内市场，并开辟了世界市场，市场经济完全取代了自然经济，其自身也不断完善。大发展时期，市场经济的总体特征是自由放任或自由竞争的市场经济，即是一种靠市场规律自发调节的无政府状态的经济。这一发展时期大致划分为两个阶段。第一阶段是简单协作和工场手工业阶段，第二阶段是大机器工业阶段。在第一阶段，市场范围还十分狭小，不但没有形成国际市场，国内统一的市场也没有形成。市场化程度较低，市场体系还很不完善，市场机制在社会经济中还未能充分发挥其调节作用，市场竞争还没有在社会内完全充分展开，阻碍竞争公平、充分展开的各种因素如封建势力的市场分割等仍没有完全消除。因此，市场经济作为配置社会资源的手段，其作用范围在工场手工业时期尽管比初始阶段有所扩大，但仍未成为基础手段，企业之间的竞争仍是一种很不充分的、有所限制的竞争。在第二阶段，市场经济进入充分发展时期，并完全充当了全社会资源配置的手段，各种支持市场经济运行所需的制度都相继建立起来，交易制度、信贷制度、价格制度等市场发育和运转所必不可少的支持系统纷纷建立，打破了市场经济发展的种种障碍。在产业革命和市场经济的推动下，以自由竞争和自由价格为特征的近代市场经济发展到全盛时期，但同时市场带有强烈的无政府状态，市场秩序的维护及市场规则的确立、完善没有提到历史的日程上来。尤其是市场运行核心的竞争规则没有确立，竞争就无法进行，或者只能是混战一场；规则不统一，竞争就无法公平进行，市场的透明度随之下降，竞争会失去源源不断的动力，市场结构和市场行为也会发生扭曲而无法实现市场经济的最终目的。

市场经济经过初始阶段，大发展阶段之后，进入最高阶段。这一时期的特征是：首先，生产迅速集中并形成垄断。从生产和经营的角度来看，市场主体的自主经营、自负盈亏仍是主流，以竞争求生存求发展仍是推动经济进步的内在机制。其次，向外经济扩张。为了缓解资本过剩和商品过剩的矛盾，发达资本主义国家极力向外扩张，向外进行资本输出和商品输出。最后，国家开始对经济进行宏观调控。自市场经济矛盾尖锐化以后，市场经济的内在矛盾已经不能靠市场经济的内部机制自行调节。要缓解这种矛盾，必须要使国家从外部对市场经济进行宏观调控。市场经济发展至此，市场体系已经成熟，全面的经济规则和有序化的经济秩序得到确立，是一种成熟完善的市场经济，即国家调控的现代市场经济。在这种市场经济下，市场充分发挥资源配置的基础作用，另外，市场的缺陷也通过政府的宏观调控得到弥补。应该说，公平的竞争环境已经形成，企业可以在市场秩序的约束下展开正当、有效的公平竞争。

由此可见，市场经济的发展经历了一个由自发到自觉的过程，即由自由放任的古典市场经济—市场失灵—国家调控的现代市场经济。同时，竞争也由初始的不充分、不正当到大发展时期的充分、过度竞争以致最终走向有序、有效竞争。所以，笔者认为，按照市场经济发展的客观规律，市场竞争由无序走向有序的漫长过程有其内在的必然性。无序竞争的发生是必然的，而最终走向有序也是不以人的意志为转移的，只不过这是一个漫长而曲折的过程。我国的市场经济有别于资本主义的市场经济，是市场经济自身运动过程中的初始阶段和大发展阶段相结合的市场经济，其具有两阶段的特征。在这个阶段，由于市场规则不健全、市场体系不完善、利于经济发展的制度还没有得到完全确立，故市场竞争要么不充分，要么竞争过度，或者有不正当竞争行为等，总之处于一种无序竞争状态。因此，对于处于市场经济的初始阶段和大发展阶段的中国，也不能避免这种现象，也必定会出现这样那样的无序竞争。

3. 对我国市场结构的基本判断

我国市场尚处于发育阶段，绝大部分产业领域的市场竞争都是无序竞争。即使是处于垄断状态的产业，尽管竞争尚未展开，但因无垄断法，不能正当竞争，也应视为无序竞争。也就是说，在竞争和垄断两方面均存在问题。在竞争方面，竞争过度与竞争不足并存，而在垄断方面，则垄断过度与集中度偏低并存。可以说这两大方面问题基本涵盖了市场结构中已经存在的矛盾和问题。即我国目前市场状况是超经济垄断与过度分散竞争并存、生产集中度低与竞争不足并存。每一种并存现象表面看来似乎是矛盾的，而实质上却都有其内在的关联性。

超经济垄断主要表现为以行政归属为依托的地区垄断和部门垄断，它是指在行政管辖范围内（地区、部门或行业内），通过行政力量的作用形成一个相对封闭的市场和较高的市场占有率。从目前看，这种垄断有三个特点：①地方政府、主管部门与企业都是投资主体，超经济的行政垄断与经济垄断结合在一起。企业与政府或主管部门没有切断行政隶属关系，必然要依靠这种关系保持自己的市场地位，政府与主管部门也会运用行政力量，给企业以扶持或特许权，实现本地区、本部门的利益。②垄断的范围不是由市场竞争形成的，而是由地方部门按行政管辖范围划分的，因而垄断范围又是十分有限的，分布在各个局部市场上。地区与地区之间，部门与部门之间经济联系薄弱，各有各的利益，其结果形成了若干条块分割的市场，在这个有限的市场内实行垄断。③垄断的程度是由地区和部门对所辖范围内的干预程度和利益保护程度，以及企业对政治和主管部门的依附程度决定的，而不是由企业本身的市场效率决定的。即使个别企业形成了一定程度的经济垄断，其背后也常常有行政力量的推动。

在超经济垄断和经济垄断的另一端则是盲目的、过度分散的竞争。一种形式表现为：同一类产品，各地区、各部门都有若干企业上马，纷纷引进技术相同的生产线，从彩电到冰箱，直至现在的空调，其结果造成各地区“结构雷同化”；另一种形式表现为：众多规模小、条件差的企业纷纷上马，与大型企业争原材料，诸如小纺织、建材、小煤窑等，而且它们往往采取“打了就跑”的游击战方式，一方面造成了资源浪费和环境破坏；另一方面又可凭借其灵活性、应变性和低工资、低管理成本以及某些不正当的竞争手段，获得较高的市场收益。中小企业过多，盲目过度的分散性竞争，已成为我国市场竞争中存在的另一个突出问题。

行政性垄断与过度分散性竞争并存，从表面看似乎是矛盾的，而实际上正是我国市场竞争中同一症结的两种表现。盲目的过度分散竞争的第一种表现形式，恰恰是在市场分割条件下，企业有政府支持的结果。各地都要建立本地区内相对完整的体系，企业也想垄断本地市场，而从全国范围看，形成了盲目的、过度分散的竞争。它的第二种表现形式，只不过说明了大中型企业在行政依附关系中占据了垄断地位，缺乏竞争压力，自身没有成为真正的自主决策、自担风险的市场主体，因而难以靠较高的市场效率形成客观上的“市场壁垒”。这样就为众多小型的私营、乡镇、集体企业留下了一块自由活动的地盘，即使技术条件差、管理水平低、没有规模效益，也可以获得可观的市场收益。所以，盲目、过度的分散性竞争和行政性垄断并存的根源，都是原有体制中超经济和行政力量仍然在影响我国市场发育的表现。随着市场的发育和企业活力的增强，若不改变这种条块分割的格局，还有可能进一步演变成行政性垄断与经济垄断结合的“混合垄断”。

生产集中程度低与竞争不足并存是我国市场竞争中存在的又一主要问题。在全部39个工业行业中，只有石油、天然气采造业中的4个大企业的集中度超过50%；1992年，全国最大的100家工业企业的销售额只占全部工业销售额的14%，而20世纪60年代的联邦德国占42%，20世纪70年代美国和日本的比例在33%~35%。尽管各国在经济发展阶段和价格体系、产业划分等方面存在差异，但我国生产集中程度过低是一个基本事实。

生产集中程度低本来就意味着市场垄断程度弱、市场权力和竞争限制小，但在我国具体体制条件下，这二者之间并不存在正相关关系。这是因为，现在的市场竞争限制主要表现为进出市场的障碍限制，它更多地取决于行政权力、社会条件，而不是决定于生产集中基础上形成的经济权力。显然，这种竞争限制的形成与生产集中程度的高低并无直接关系，正因如此，这两种看上去相互矛盾的现象，才能共同并存。

二、市场无序竞争的负面效应

企业的过度进入、生产能力的严重过剩等所引发的无序竞争，对社会经济的影响是巨大而深远的。虽然从一定意义上说无序竞争也激发了企业活力和冒险精神，甚至最终导致了有序竞争和产业升级，但其严重的负面效应也是不可忽视的。

1. 损害消费者权益

在市场上从事生产经营活动的各经济主体之间本质上是一种相互竞争的关系。由于竞争的结果直接关系到企业的生存和发展，有的市场主体为了在竞争中获胜，便采取多种多样的手段和方式，有的甚至使用不正当竞争的手段，其行为严重地损害了消费者的利益，如假冒伪劣商品屡禁不止。据中国民主建国会中央宣传部、调研部关于市场秩序的问卷调查，对市场中最突出问题的判断是：假冒伪劣商品占55.79%；部门行业垄断和不正当竞争占41.4%，商品价格秩序混乱占40.4%；市场准入无序，大量不合格商品涌入占29.9%；市场交易行为不规范占

28.7%；地方保护主义占28.1%；“三假”“三无”现象占185%；中介机构不规范占6.4%；其他占2.8%。由此可以看出，假冒伪劣商品、不正当竞争和商品价格秩序混乱在最突出的市场问题中占据前三位。从中国消协1997年开展的“讲诚信、反欺诈”万人调查问卷的统计结果看，有54.4%的消费者受过商品质量低劣、以次充好的欺诈；有34.3%的消费者受过假冒伪劣的欺诈；有14.2%的受到虚假宣传，受骗销的有4.7%。

商品质量下降从1987～1994年国家技术监督局对产品质量问题进行的抽样调查可以看出：企业产品的质量不高。虽然1987年至1993年流通企业的产品合格率逐渐上升，但一直徘徊在70%左右，近几年又有下降趋势。1997年12月30日，国家技术监督局在《经济日报》公布了对部分市场小家电产品的质量抽查公告，42种产品的抽样合格率仅为19%。市场上存在的这些问题影响了人们的基本生活需要，严重侵害了消费者的合法权益。据调查，1986～1996年全国消费者投诉总量居前10位的产品有鞋、电视机等。由此可见，市场竞争的无序状态所带来的消极影响，消费者首当其冲是最直接的受害者，尽管消协多次呼吁整顿市场秩序，维护消费者权益，但仍未引起全社会足够的重视。

2. 造成社会资源的巨大消费

竞争的基本功能就是调节社会生产资源的合理配置，但此功能的有效发挥是需要有一定的前提条件的，即必须是有序、规范、适度的竞争。竞争不足或竞争过度都会导致资源的非合理配置。在一定的市场结构下，最佳竞争强度应该使潜在的竞争强度和有效竞争强度同时相对最大，因此它所在的市场结构区间，既不是位于多头竞争市场，也不是紧密寡头市场或双头市场，而是位于宽松寡头市场并且有适度产品差异和有限的市场透明度。在这种状况下，竞争强度最佳，竞争最有效。因此，过度分散的竞争和垄断条件的竞争强度都不能达到最佳。

尽管我国的市场状况是超经济垄断与过度分散竞争并存，而呈现在表面的、较为普遍的却是过度、分散的竞争。改革开放以来，我国工业发展比较明显的一个特征就是处于工业部门传统轨道之外的小企业特别是乡镇企业、私营企业和城乡个体工业的持续增加，大批企业迅速建立，发展速度惊人。这些企业大多是建立在农村地区，有许多是家庭作坊式经营，职工人数非常有限。国有经济之外的小企业的兴旺极大地提高了它们在整个经济中的产出份额，但一些小企业却存在着技术水平低下、产品质量低劣且外部污染严重的问题。其产品不仅在收入水平较低的农村市场对城市大工业产生了替代竞争、通过不正当的手段诸如行贿、给回扣等打入本属于大企业的“高级产品”的市场，而且还对原有大工业的原料供给形成了冲击。从这个意义上说，国有经济之外的小企业的过多进入是以既有大工业的发展速度下降为代价的，并且造成了资源配置的低效率和产品市场竞争的无序状态。在无序竞争状态下，由于供给方面的极力扩张和市场需求方面的严重萎缩，使得近年来大幅度增加的工业生产能力出现了严重的利用率低下和过剩问题，资源受到了极大浪费。例如，纺织品的生产能力已经高出市场需求的40%，彩电生产能力高出60%，家用电器产业各个品种几乎都出现了生产能力严重闲置的现象。

3. 削弱企业的国际竞争力

随着经济的日趋国际化和企业所面临的国际国内竞争的加剧，一个企业能否生存与发展越来越取决于其是否具有国际竞争能力，但由于我国处于经济体制转轨时期，计划经济体制下的竞争不足、行政性垄断过度、市场经济体制下容易出现的竞争过度和经济性垄断（即国内企业之间的竞争过度，国内企业与三资企业之间的竞争不足，三资企业尤其是大的跨国公司的经济性垄断）同时存在的问题，严重影响了市场竞争的运行效率。这种状况不仅不利于国内经济改革与发展的顺利进行，也削弱了企业的国际竞争力。

首先，考察一下国内企业之间的过度竞争对企业国际竞争力的影响。过度竞争是一种无秩序、无规则的破坏性竞争，其结果不但不能淘汰落后的或规模不经济的企业，反而因这些企业争夺市场资源而导致先进的具有规模经济企业的实际经济效益下降，从而促使企业的边际成本提高，造成资源的低效利用。20 世纪 80 年代以来，我国企业尤其是国有企业亏损面和亏损额大幅度增加，以及一些具有规模递增行业（如汽车、机械、日用电子行业等）市场集中度偏低现象无一不与过度竞争有关。不仅如此，过度竞争还会导致在某些行业中过度引入外国资本，形成外国资本垄断市场的局面。因为对于具有有效规模的产业来说，国内企业之间的过度竞争，实际上就是等于降低了产业进入成本，这样外国资本就很容易进入我国市场，而且企业之间的过度竞争，也意味着在这个市场上几乎没有占绝对主导地位的企业，因而，外国资本的进入就不会遇到与之抗衡的力量。不仅如此，外国资本利用国内企业相互竞争、相互残杀以及国内企业为摆脱困境而急于与外资联合的机会，从中廉价购并行业中的骨干企业、龙头企业，仅仅凭借其自身的品牌或技术优势就能轻而易举地获得某一行业领域的垄断地位。由此可见，过度竞争的后果必然会削弱我国企业的国际竞争力，并可能引起国内经济与社会的动荡。

其次，再看国内企业与三资企业之间的竞争不足和行政性垄断过度对企业国际竞争力的影响。竞争不足的主要原因在于政府的行政性垄断。因此，这两个问题实际上是一个问题的两个方面，其主要方面是行政性垄断。行政性垄断是计划经济体制的产物，是一种以行政管理为基础的人为的强制性管制。它排斥竞争、保护落后，严重妨碍了市场进步。这种行政性垄断必然伴随着市场竞争的闲置浪费。高度集中的行政性垄断构成了很高的行业进入壁垒，增加了新企业进入市场的难度与风险，从而极大地阻止了外资企业对我国的竞争性行业的投资，严重抑制了外资企业与国内企业之间的竞争，造成国内资源与国外资源的流失，进一步拉大了我国企业与国际水平之间的差距。

最后，三资企业尤其是大的跨国公司在一些行业中经济性垄断对企业国际竞争力的影响也越来越大。自 20 世纪 90 年代以来，国外大的跨国公司大举进入我国市场，并在短短的几年里，迅速抢占甚至垄断一些行业市场，这个问题变得极为严重。跨国公司对我国电子产业的投资与控制状况是非常典型的事例。1995 年，我国电子产业的五大行业中，就有四大行业是三资企业占据绝对优势，如通信设备制造业三资企业占72. 7%，电子元器件制造业三资企业占 56. 7%，日用电子器具制造业三资企业占 68. 6%。绝大多数二级分类行业三资企业都一统天下，如集成电路制造业占 91. 3%，电子计算机外部设备制造业占 85. 7%，通信终端设备制造业占 75. 7%，收音机、录音机制造业占 77. 5%都已归三资企业的旗下，跨国公司对我国电子产业的市场分割已具雏形。电子产业受制外国资本的这种情况严重制约了我国电子企业的发展，其他行业也有类似问题。

由此看来，市场的无序竞争给消费者、国家和企业的利益造成了不同程度的危害，因此，必须创造各种条件，加快市场发育的步伐，完善市场法规，促使竞争从无序转向有序。

三、市场无序竞争的深层次原因

目前我国市场竞争无序状态是多因素交互作用的结果，既有市场因素，又有企业行为因素，更有政府行为及相关体制等因素的影响。

1. 市场巨大引力与市场容量狭小的矛盾

初期市场的巨大引力诱使过多企业进入某一行业，而就此造成的市场容量狭小、无法容纳更多的企业和产品，是导致市场供需失衡、生产能力闲置、竞争混乱的根本原因。

其一，市场化的改革趋向拓宽了市场需求的巨大空间，推动了企业向加工工业的大量涌入。改革以来，随着国民收入分配向居民个人的逐步倾斜以及公众需要抑制的能量释放，为加工工业展现了一个美好的市场前景。利益的驱动和普遍对市场前景的看好使加工工业处于盲目扩张的状态，并对基础产业形成了巨大的需求压力。由于能源、原材料供应紧张，各地纷纷“找米下锅”，不拘条件、争先恐后地上马以小钢铁、小煤窑、小水泥、水电为主要内容的地方工业；与此同时，原有企业也通过改建、扩建的方式大规模地扩大生产能力。这些为后来的以生产能力过剩、产品过剩为主要特征的过度竞争的展开打下了基础。以电冰箱市场为例，从20世纪80年代初期到1988年，电冰箱一直是国内消费的热点，这一方面是由于20世纪80年代初期居民消费“还账”的影响，另一方面是随着居民生活水平的提高，消费结构改变的结果。但从供给方面看，电冰箱的生产能力很小，1978年仅为2.8万台，1980年也只是4.9万台，远不能满足市场的需求。较大的供求缺口形成了对投资者的强烈诱因。加之拥有投资自主权的地方政府的鼓励，到1984年底，全国生产和试制电冰箱的厂点已增加到116个，对外签订的合同和正在洽谈的引进项目有56项，引进规模为1350万台。虽然当时的轻工业部已意识到此行业的过度扩张，并开始采取措施进行控制，但未产生明显效果，到1988年，全国的电冰箱厂家多达100多家，生产能力已达1500万台。经过80年代中期的急剧扩张后，从20世纪80年代末期开始，以往冰箱行业作为投资热点的状况有了根本变化，电冰箱行业生产能力过剩，竞争过度的局面已然形成。

其二，市场容量狭小而使得企业库存积压严重，成为引发价格大战、加剧无序竞争的深层次原因。一般情况下，企业在小的产出水平有大的规模经济，而对大的产出，这些经济已经用尽了，平均成本保持不变。当企业的长期平均成本最小时，它能生产的最小产出是企业的最小效率规模。企业的产量低于最小产出时，随产出的增加，平均成本不断下降，产量到达最小产出后，企业的长期平均成本停止下降并稳定到这一水平上。

企业的生产规模不仅与一种技术的产出有关，而且与现有的市场需求也有一定的关系。因此，在给定的时点上，企业的最佳规模会受到市场需求的限制。在现有的技术条件下，如果企业按照最小效率规模标准建立起来的企业的产量超过市场可吸收的产量，那么企业的单位成本就可能高于一个其产量更加紧密地按照市场需求测定的较小的企业单位成本。在这种情况下，最佳的企业规模将要小于单纯依靠技术水平而定的最小效率规模。

由于企业的最佳规模受市场需求的制约，所以就必然会产生规模不经济的问题。虽然在我国市场化改革的过程中形成极大的消费品需求，但至今国内统一的市场还没有形成，而是被条块分割成众多分散的狭小市场，引起企业为“抢先添满市场”而过度进入某一行业，最终形成了分散的生产格局。随着企业生产的扩张，这种分散的市场和生产格局日益对企业规模产生了重要的影响。

从某一行业中的企业数目来看，给定的时间点上能以最小效率规模经营的工厂数目受该行业需求容量的限制。在这一行业中，企业数目过多，如果各个企业都按照最小的效率规模进行生产，必然会使该行业的产品供过于求。因此，在行业市场需求容量一定的情况下，即使企业具备大规模生产的生产能力，也会因行业中企业数目过多而使企业的实际产出未能达到最小的效率规模水平。因此，充分利用企业的规模经济就要求该行业中的企业数目不能超过按最小效率规模计算出来的市场可容纳的企业数目。否则企业不仅不能实现规模经济的目标，反而会因大量生产能力的闲置而增加企业的平均成本，降低资源的使用效率。

2. 产品需求多样化与技术创新滞后的矛盾

中国消费市场规模之大，为世界所瞩目，但消费的差异性也十分突出。这种差异性存在于城乡之间、区域之间，更主要地存在于不同收入水平消费群体之间。随着改革开放的进一步深化，消费者收入的差距将明显增大，1999 年城镇居民最高收入户的平均可支配收入为 12084 元，是最低收入户平均可支配收入 2617 元的 4. 6 倍，绝对差额为 9467 元，这比 1986 年的 859 元增加了 8608 元。平均最高收入户与平均最低收入户的收入差距从 1986 年的 900 元扩大到 1999 年的 9758 元，二者收入差距倍数从 3 倍提升到 5. 2 倍。由于收入差异的增大和其他社会经济因素的影响，消费者在不同商品的需求时间、层次等方面以及同类商品的花色品种、价位、功能等方面的要求上表现出较大的消费差异。

居民消费的差异性对供给提出了很高的要求，但我国生产供给却是针对短缺经济而形成的“大而全、小而全”式的趋同性结构，产品同质化现象十分严重，所有企业只能挤在同一市场上展开你死我活的恶性竞争，结果难免会搞得头破血流。

产品同质化的主要原因是企业缺乏创新。没有创新，企业的产品无论在技术性能上，还是在质量、规模、花色和销售服务方面都没有明显的竞争优势，大家都站在同一起跑线上且参与者很多，市场定位又很单一，竞争就非常激烈。

技术创新的低水平状态的后果之一是技术模仿成了当前我国企业技术创新的主要手段，这不仅不利于产业的技术进步，也降低了产业的进入壁垒，致使大量的以仿冒为主的同类产品充斥市场，成为我国一些产业的过度竞争、产业经营状况恶化的重要的制度性原因。

所以，对于企业来说，“不创新就灭亡”，这是企业兴衰的规律。企业只有不断地通过创新才能获得超额利润，才能不断地打破现有的均衡，建立新的均衡，并通过这样一个创造性的破坏过程，不断地促进自身发展，进而推动经济的发展。因此，创新不管是对于国家，还是对于企业来说都是至关重要的，尤其是技术创新。随着世界经济的迅猛发展，科学技术对经济增长的贡献已取代了劳动力、资本，上升到首要地位。与此同时，在生产要素的投入中，科技投入、知识投入的比例越来越大，产品科技含量日益高密化，并成了企业增强竞争力的关键点。企业只有通过技术创新不断开发新产品、运用新技术、新工艺，提高技术含量和质量，才能在激烈的市场竞争中立于不败之地。

3. 激励市场进入与约束市场退出的矛盾

过分鼓励市场进入的同时又竭力阻碍市场退出，从而导致进入壁垒过低，退出壁垒过高，这是我国市场结构的主要特征。

企业进入某一个产业是有目标的，比如为了获取最大利润，分散风险，提高市场占有率等。要实现这些目标，企业就必须具备一定的进入条件。该进入条件包括内部条件和外部条件。企业内部条件是指企业进入某一产业自身应具备的条件，如经营自主权，相当的资金实力，人力资本等。外部条件指企业进入某一产业所面临的环境，它包括政府对企业进入的态度、产业准入情况和进入成本三个条件。

企业进入的条件对于企业能否顺畅进入，能否成功进入是相当关键的，只有具备这些条件，企业才能理性进入。竞争性行业生产能力过剩是一个复杂的问题，特别是与企业进入不当有很大的关系，或者说与企业进入条件是否充分有很大的关系。在竞争性行业，政府投资机构的轻率进入往往导致进入失败。政府作为投资者尽管有一定的经营自主权和雄厚的资金实力、人力资本，但缺乏作为投资者必须具备的制定发展战略和行业选择的决策能力，从而造成内部条件不充分。在我国由于政府投资存在产权模糊、“预算软约束”、监督不力等问题，导致决策与风险的不对称，决策者往往不考虑可能带来的风险责任。因为投资成功，可以给自己增加“政绩”，如果投资失败，则由国家承担无限责任。在这种心态的支配下，不管内部条件是否充分，只要决定投资，就必须上马。在许多产业对非国有经济限制的情况下，竞争性行业主要由政府投资，其结果必然是投资边界模糊，投资战线过长，投资力量分散，投资结构相似。几乎在每一个竞争性行业中都有大量的国企存在，这些国企的产品大多趋于雷同。在市场需求逐渐稳定的情况下，进入某产业的国企越多，生产能力越强，最终造成生产能力过剩严重，从而产生资源的误配置。20 世纪 80 年代，财政包干制和“分灶吃饭”，助长了各地的“诸侯割据”，从而不能形成全国统一市场。财政包干下的地方利益更助长了大量小企业的进入。地方政府为了使自己“灶中”的“饭”多一些，必然会设法利用自己能调动和支配的种种渠道的资金，在本地建设一些短、平、快的项目以扩大自己的收入来源。可见，市场的地区分割和地方保护主义是企业“过度进入”的制度根源。

此时，产品的市场分割现象相当严重，而这一时也恰好是企业进入最快的时期。在这一时期中，市场分割，财政包干再加上快速增长的耐用消费品市场需求，使企业快速进入获得了最直接的经济刺激。这时企业进入的常见方式是地方政府的市场保护和财政支持下从国外进口成套的设备和生产组装线，引进产品的加工组装，而大部分关键零部件则依靠进口。

因此，政府鼓励企业过度进入是引导各地的产品结构雷同和重复建设的制度根源，而这些后果的表现形式则是愈演愈烈的无序竞争。

企业退出与企业进入一样，是企业经营成功的重要步骤，不能理智地退出也会陷入恶性的泥沼。然而在我国企业退出时却遇到许多障碍，其中最大的无形障碍就是地方政府的不情愿。其一是因为企业退出之后，影响了地方政府的“政绩”。其二是因为企业退出之后，会有大量的职工下岗，对这些下岗职工的重新就业安排就成为地方政府“头痛”问题，地方政府宁愿对亏损企业进行补贴，使它们生存下去，也不愿面临巨大的再就业压力。再者，如果企业退出，地方政府就丧失了向中央申请优惠政策和财力支持的机会，使其在与中央的博弈中不利，也使其在与兄弟地区的“攀比”中处于劣势，因此地方政府是不希望企业退出的。

由此看来，我国企业在进入与退出方面存在严重的不对称。这种不对称表现在企业进入条件约束乏力、企业退出障碍强化，即企业进入容易，而退出困难。大量缺乏约束的企业进入迅速扩大了生产能力，不仅瓜分了现有企业的正常利润，而且也使产品销售变得困难，最终必会导致企业在竞争性产业的过度竞争。

4. 企业自主经营与政府过分干预的矛盾

公平、有序的市场竞争需要全方位支持、维护。企业是市场运行的主体，如果企业的体制和机制不相适应，对市场做不出及时合理的反馈，就有可能诱发企业之间不规范的竞争。

建立现代企业制度是我国企业改革的基本方面，但是，在实际推行过程中，政府部门之间的权力之争，利益之争严重影响了现代企业制度建立的进程。企业自主经营，自负盈亏，自我约束，自我发展的能力仍然有限。也就是说，以“政企分开，产权明晰，权责分明，管理科学”

为特征的现代企业制度在我国并未真正形成。尤其是政府过分干预企业经营仍是建立现代企业制度过程中的最大障碍，一些政府主管部门仍然直接插手企业经营管理活动。据有关部门调查，目前企业人事自主权主要作用于企业内中下层干部，企业主要领导人和高层管理人员的任免、调配权仍在上级主管部门，一些企业的主要领导仍然没有重大决策权。政企不分现象在地方一级表现得尤为突出。政企不分导致的直接后果就是企业行为非法人化、政府化。企业为了获取竞争优势，也往往会放弃改善产品质量，提高产品科技含量，加强广告宣传等正当做法，而转身寻找政府作保护伞，借助行政手段开展不正当竞争。一方面借助政府的行政手段，强行推销自己的产品或服务，人为扩大自己的市场份额，从中牟取暴利；另一方面运用政府的影响，禁止或阻挠他人的产品进入本地市场。这两种方式，从本质上讲是一种画地为牢，保护落后的做法，不利于全国统一大市场的形成，更不利于产业的健康发展，而真正应由政府承担起的职责，政府却未能做好，致使企业办社会的负担沉重，缺乏发展后劲。按照现代企业制度的标准，企业是独立的市场竞争主体，企业的职能不再具有政府职能的性质，企业的行为将以效益为准则。这就是说，诸如一些社会职能，如就业、养老、保险、后勤服务等都不应由企业来承担，而是由政府来承担，但实际情况并非如此，我国企业冗员现象仍十分严重，办社会的包袱仍很沉重，这就使得企业无法轻装上阵，无法集中财力进行技术开发，改善经营管理。企业技术开发能力薄弱，缺乏核心竞争力，这就决定了企业只能在低层次水平上展开竞争，“价格大战”也在所难免。

政府之所以热衷于干预，一是与我国投融资体制有关；二是我国缺少对政府的约束机制。20 世纪 80 年代以来我国的投资体制改革基本上是循着以下两条轨道展开的：一是改变高度集中的投资决策体制，通过投资权的下放，形成了以各级地方政府为主的包括中央、地方、企业和个人的多元投资主体结构；二是通过多元投资主体利益的独立化，强化各投资主体的风险和约束机制。经过改革，打破了过去高度集中的一统局面，形成了多元投资主体、多种融资渠道、投资领域的市场化的新格局，在培育和塑造产业主体、优化产业结构等方面取得了一定成效。然而，迄今为止的投资体制改革仍旧未能摆脱投资主体格局变动的偏差及风险与利益机制的不对称。随着地方财政分权和国有企业积累能力的上升，中央政府财政能力下降。这本不是什么坏事，但问题是作为一级政府机构的地方政府在成为重要的投资主体之后，其项目选择虽然也注重投资的预期收益，但相比之下，政府领导人的政绩和投资收益的期限才是他们更加关心的。否则，即使投资的预期收益再大，也只是为他人作嫁衣裳。由于上述原因且缺乏责任约束，地方政府热衷于一些投资少并在短期内见效的“短平快”项目，盲目追求区域福利和生产一体化，成为现阶段我国的一些加工工业出现严重的过度竞争的历史性原因。

企业投资的情况较为复杂，对于大多数城乡集体企业、私营企业和外商投资企业来说，由于财产关系较为明晰，投资的预算约束较紧，投资决策的主要依据是项目的预期利润率，获取收益的期限居于次要地位，因而盲从性较小，但在行业管制和资金约束等进入壁垒面前，以及仍然存在着的不合理的价格结构和价格体系的被扭曲的投资收益率的引导下，多数也是热衷于价高利大的“轻型”项目。

从国有企业整体来看，并没有因为名义上的全民所有制而实现投资配置的计划性和有效性。相反，国有资产事实上的部门、地区所有与生产经营规模扩大之间的矛盾日益突出。在企业规模扩大、分化加剧的新形势下，“条块所有”至少带来了两个方面的问题：一是越来越难以对迅速扩张的优势企业提供资金支持，同时对竞争失败的企业越来越难以在自己的行政势力范围内予以消化；二是在激烈市场竞争形势下，越来越难以在自己的行政范围内提供称职的企业家人才。我们很难想象在“条块所有”的情况下部门和地方政府不对企业的投资和日常经营管理事物进行干预。事实上，对国有企业以及由国家控股的股份公司的组织任命使得股东会、董事会成为一种摆设。尽管许多国有企业进行了改制，却仍不能解除经营者“朝不保夕”的后顾之忧，希望在自己“短暂”的任期内见效的短期投资成为主要的投资形式，“羊贵撵羊”的盲从和“一窝蜂”投资的现象在国有企业当中也非常突出。

如果说投融资体制的滞后给政府的干预企业创造了机会，那么缺少对政府行为约束机制更是助长了政府的干预以及干预的不良结果。尽管理论和实践都已证明，政府经济职能存在其一定的必然性和合理性，但并不能等同于政府承担的经济职能越多越好。过多的行政干预必然导致资源低效配置，企业经济效益低下，市场秩序混乱等问题。计划经济体制下的全能化政府经济职能特征已经被证明存在着严重的弊端。体制改革以后，随着计划经济体制的不断瓦解和市场经济体制改革目标的确立，转变政府经济职能一直是我国改革进程中一个十分突出的主题。应该说，经过改革努力和市场经济实践的洗礼，我国政府经济职能转变确实取得了一些可喜的成绩，部分实现了市场经济体制的接轨，但同时也应看到，还有相当一部分职能仍继续延续着计划经济体制下的职能特征，尤其是政府对国有企业以直接的行政手段为主进行的管理目标，至今没有得到根本的转变。中央政府、地方政府和专业主管部门的经济决策和管理部门纷繁复杂，经常政出多门，各部门之间互相掣肘，甚至出现地方政府专业主管部门与中央政府“讨价还价”的现象，使企业无所适从，效率低下。目前我国的重复投资，条块分割，部门和地方行政性的垄断等问题，其根本原因是各级政府及其专业主管部门对经济的直接干预太多，政令不统一。从总体上看，近几年来，虽然中央政府对企业的干预少了，但是地方政府的干预并未减少，权抓得更紧了。政府机构仍然习惯于以往那一套“当婆婆”的做法，不愿意割舍手中的权力。许多企业尤其是国有企业还习惯于依靠政府的帮助，甚至有的企业和主管部门靠寻租来搞市场垄断，维持生存，求得发展。这既不利于廉洁、高效的政府机构的建立，也不利于具有较强市场竞争力企业的培养，这是导致我国目前市场竞争无序的深层次根源。

主要参考文献

[1] 李悦. 产业经济学 [M]. 北京：中国人民大学出版社，1998.

[2] 杨公朴，夏大慰. 产业经济学教程 [M]. 上海：上海财经大学出版社，1998.

[3] [美] 丹尼斯·卡尔顿，杰弗里·佩罗夫. 现代产业组织（中译本）[M]. 上海：上海三联书店，上海人民出版社，1998.

[4] [美] 施蒂格勒. 产业组织和政府管制 [M]. 上海：上海三联书店，上海人民出版社，1996.

[5] 于立，王询. 当代西方产业组织学 [M]. 大连：东北财经大学出版社，1996.

[6] 黄泰岩. 美国市场和政府的组织与合作 [M]. 北京：经济科学出版社，1997.

[7] 吴汉洪. 西方寡头市场理论与中国市场竞争立法 [M]. 北京：经济科学出版社，1998.

[8] [日] 植草益. 产业组织理论 [M]. 北京：中国人民大学出版社，1988.

[9] [日] 植草益. 微观规制经济学 [M]. 北京：中国发展出版社，1988.

[10] E. 张伯伦. 垄断竞争理论（中译本）[M]. 上海：上海三联书店，1958.

[11] [法] 泰勒尔. 产业组织理论（中译本）[M]. 北京：中国人民大学出版社，1997.

[12] 科斯. 企业、市场与法律 [M]. 上海：三联书店，1990.

[13] 王慧炯. 产业组织及有效竞争：中国产业组织的初步研究 [M]. 北京：中国经济出版社，1991.

[14] 肖炼. 协同竞争论——东西方市场竞争理论比较研究 [M]. 北京：中国金融出版社，1991.

[15] 刘研. 跨国公司与中国企业国际化 [M]. 北京：中信出版社，1992.

[16] 方甲. 产业组织理论与政策研究 [M]. 北京：中国人民大学出版社，1993.

[17] 江小涓. 经济转轨时期的产业政策 [M]. 上海：上海人民出版社，1996.

[18] 马建堂. 结构与行为：中国产业组织研究 [M]. 北京：中国人民大学出版社，1993.

[19] 吴敬琏. 大中型企业改革：建立现代企业制度 [M]. 天津：天津人民出版社，1993.

[20] 刘鹤，杨伟民. 中国的产业政策第一理念与实践 [M]. 北京：中国经济出版社，1999.

[21] 郭文轩，冯大力，赵楠. 国内市场秩序问题探索 [J]. 经济经纬，1999 (1-2).

后 记

本书在系统简要介绍产业组织理论的基础上，紧密联系中国经济体制改革实际，对有关产业组织问题进行了深入探讨，可为宏观经济决策和企业战略策划借鉴参考。

本书在创作思路上得到了郭文轩教授的亲切指导。郭文轩教授在产业经济学领域深耕十几载，有着丰厚的理论功底和教学经验，对本书的章节构成和写作思路提出了宝贵意见。我在吸收郭文轩等教授的意见后，经过进一步加工、充实和提升，使得此著得以问世，在此对郭文轩教授表示感谢。

本书在电子件制作、出版印刷及校对事务中，得到了蔡康等研究生同学的得力相助，得到了经济管理出版社杨雪编辑的热情支持，在此表示衷心感谢。

由于时间和水平有限，本书尚有很多不足之处，恳请广大读者批评指正。

刘英杰

2018 年 10 月